高效学习法

名校学霸教你把学习变得轻而易举

亦弓 ◎ 著

Efficient Learning

北方文艺出版社

图书在版编目（CIP）数据

高效学习法：名校学霸教你把学习变得轻而易举 / 亦弓著 .-- 哈尔滨：北方文艺出版社，2020.8（2021.10 重印）
ISBN 978-7-5317-4830-4

Ⅰ.①高… Ⅱ.①亦… Ⅲ.①学习方法 Ⅳ. ① G442

中国版本图书馆 CIP 数据核字（2020）第 118204 号

高效学习法：名校学霸教你把学习变得轻而易举
Gaoxiao Xuexifa: Mingxiao Xueba Jiao Ni Ba Xuexi Biande Qing'eryiju

作　者 / 亦　弓

责任编辑 / 富翔强　　　　　　　　装帧设计 / 创研设

出版发行 / 北方文艺出版社　　　　邮　编 / 150008
发行电话 /（0451）86825533　　　经　销 / 新华书店
地　址 / 哈尔滨市南岗区宣庆小区 1 号楼　网　址 / www.bfwy.com
印　刷 / 天津旭非印刷有限公司　　开　本 / 880×1230　1/32
字　数 / 130 千　　　　　　　　　印　张 / 8
版　次 / 2020 年 8 月第 1 版　　　　印　次 / 2021 年 10 月第 4 次印刷
书　号 / ISBN 978-7-5317-4830-4　　定价 / 42.80 元

前言

当我们在谈论高效学习的时候，我们在谈论什么？

无论你处在学习领域中的哪一个地带，是学生、备考者、职场新人，还是以学习为长期目标的终身学习者，都免不了思考这个问题。

许多学习者，都曾遇到过这样的尴尬境地：在桌前待了整整一天，荧光笔在书上涂了又涂，笔记抄了又抄，也做了满满一页知识结构图，但晚上躺在床上，回想自己一天的收获，却是大脑空空——虽然完成了一天的阅读计划，却只知其表，不解其意；照猫画虎地做了知识结构图，却不知如何搭建自己的知识逻辑体系；用了最新潮的"番茄工作法"来规划时间，但似乎也没能提高学习的效率……

高效学习在刻板印象下，呈现出固定的几种模样：似乎只要我们在谈论高效学习，就要谈论超人般的学习计划、新颖的时间管理法、高大上的知识结构图、高度的自律、稳定的心态……披着高效的外衣，实际却是高耗能、低效能的学习，屡见不鲜。

抛去这些表征，我们所谈论的学习之道，究竟是什么？

一个高效的学习者，也许和我们想象中的样子截然不同。他可能没有精准到分秒的学习计划，每天只学两三个小时，看上去不甚用功，却仍然能轻松获得比常人优异的成绩。人人都羡慕高效学习者的天赋异禀，但实际上，他们只是掌握了高效学习的核心本质。

高效学习的本质，不在于技巧本身，而在于技巧背后一套通透的深度思维能力。

也许人人都明白制订学习目标和计划的重要性，但唯有能够不断"解剖"目标，构建出一套分析现状和分析自身的方法，才能达到不必把计划写在纸上，也能稳步推进学习进程的境界。

也许人人都会制作知识结构图，但唯有训练出带着问题意识阅读学习材料的能力，训练自己提炼作者的逻辑架构，反复对知识剥皮、割肉、拆骨，才能真正高效地通过知识结构图完成知识的输入和加工——晚上躺在床上时，也不会头脑一片空白。

也许人人都明白学习需要理解和运用，但唯有能以输出"倒逼"输入，在新知识面前，锻炼出下意识的解释和重构分析力，才能把知识深刻地刻入骨髓，为它着上属于自己的思维底色……

我们谈论高效学习，实则谈论的是这些东西。它不是徒有其表的形式主义，不是小聪明的机灵技巧，不是演戏般的刻苦努力，而是锐利的、切中要害的思考方式。方法论，从不是方法本身，但很多人都被"学习方法"的表象所迷惑。

本书将帮助你拨开"学习方法"的迷雾，打破那些浮夸老套的"学习技巧"。你将从一个学习者最切肤的经验出发，纵览从自身定位，到知识输入、加工和消化，再到意志与心态构建的整个过程。它不是一本告诉你"学习需要理解知识"的书，而是一本教你"怎么才能理解知识"的书；它不会叮嘱你"制订学习计划"，而会帮你看清你是否需要制订学习计划；它不会教你"制作知识结构图的36种方法"，而会带你探索学习者从知识中提炼结构的深层逻辑……

总之，你将在这本书中看到如何提高高效学习能力的实质——即建立在了解自身和目标的基础上，一种深度剖析、消化和反刍知识的能力。正是这种能力，是高效学习者所反复谈论，也是让学习者们超越平庸，轻而易举地学得又快又好的秘诀。

最后，我衷心希望各位读者在阅读后，能够摆脱在学习方法上不得章法的窘境,在学习这场征途漫漫的"游戏"中,找到属于自己的捷径和快乐。

亦弓　于费城

2020年3月20日

目录 CONTENTS

第一章
以终为始：根据脑海中酝酿的目标，精准塑造你的未来

Part 1　投入学习前，先搭建你的目标全景图　　　_002

Part 2　如何让白日梦照进现实　　　_014

Part 3　瞄准超出射程的靶子，逼出自己的潜力　　　_022

第二章
合理规划：学习计划，让人又爱又恨的效能双刃剑

Part 1　只管制订不管完成？学习计划到底害了谁　　　_032

Part 2　长征还是短跑？量身定做你的学习法　　　_040

Part 3　让人爱上的学习计划，是一份人性弱点诊断书　　　_047

第三章
时间管理：在高价值区探索你的时间增效

Part 1　剥除"糖衣"后，纯粹学习时间比你想的更有限　_056

Part 2　有得必有失，时间管理就是选择性放弃　_063

Part 3　两大变量，四个象限，轻松排序你的多重任务　_070

Part 4　用零碎时间扫除零碎事项，为高价值行动腾出空间　_077

第四章
实质输入：怎样把知识有效地学"进去"

Part 1　打破资源牢笼，囤积知识不等于学习知识　_086

Part 2　知识输入的捷径，在于随时随地有"问题意识"　_096

Part 3　知识输入是从宏观到微观，再到宏观的迭代上升　_104

Part 4　大脑真正的输入，是它对知识的输出　_114

第五章
知识处理：所谓学以致用，就是对信息的精加工

Part 1　理解重组：从"我明白了"到"换句话说"　　_122

Part 2　简化凝练：所有的道理，都能用一句话概括　　_129

Part 3　归纳再利用：组块化储存，模型式归档　　_137

Part 4　创造联系：孤立存在的知识 VS 编织成网的知识　　_145

第六章
自我省察：每天反思一点点，积蓄你的进阶势能

Part 1　高效能学习者，人手必备一本"脑洞记录书"　　_156

Part 2　复盘思维，让你的大脑高效率运转　　_163

Part 3　不走几条弯路，怎能到达罗马？　　_172

Part 4　做自己的苏格拉底，打破思维惯性天花板　　_178

第七章
专注赋能：学得又快又好的终极法则

Part 1　集中精神十分钟，胜过心不在焉十小时　　_188

Part 2　远离诱惑源，为自己建造一座"无人岛"　　_195

Part 3　为你的努力寻找"观众"——注意力跃迁的小窍门　　_202

Part 4　较真的艺术——龟速"死磕"到底，才能飞速进步　　_208

第八章
幽暗法则：如何让痛苦成为你的力量

Part 1　跳出舒适圈：平坦之途，常常通向谬误　　_216

Part 2　冒名顶替症：厉害是装出来的　　_223

Part 3　嫉妒障眼法：我和谁都不争，只和自己争　　_230

Part 4　逆转负能量：在"焦虑的莫比乌斯环"中螺旋上升　　_237

结语　高效能学习——属于每个人的思维潜力　　_241

第一章

以终为始:
根据脑海中酝酿的目标,精准塑造你的未来

Begin with the end in mind.（以终为始）

——史蒂芬·柯维《高效能人士的七个习惯》

Part 1
投入学习前，先搭建你的目标全景图

这是一本关于如何学习的书，但我想先从"玩"说起。

你玩过"吃鸡"游戏吗？

这款大名鼎鼎的多人制大逃杀游戏，对你来说可能并不陌生，甚至你早就是资深玩家了，又或者"没吃过猪肉，但见过猪跑"。在这款爆火的游戏中，百名玩家降落在荒岛上，一边搜索着物资装备自己，一边穿梭潜伏在建筑、丛林、野地里互相追捕，彼此淘汰。

游戏规则是再简单不过的"斗兽场"法则：越晚被淘汰者，得分越高，坚持到最后的能成为百人之首；反之，如果早早出局——则积分锐减，段位降级。

你在"吃鸡"游戏中，属于哪种类型的玩家呢？简单来说，你玩游戏的目标是什么？

第一章
以终为始：根据脑海中酝酿的目标，精准塑造你的未来

也许你是被队友嫌弃的"佛系"玩家——看淡输赢和功名，点开游戏纯粹是为了放松心情、解压和追求刺激。对你而言，积分乃身外之物，段位又何必执着——千言万语，都不如在游戏中随心所欲的放松更有益。

但更可能你和大多数人一样，对游戏积分和段位有所追求，迷恋"赢"带来的快感。你会对游戏进程进行规划，确保自己"笑到最后"。

为了保证游戏渐入激烈状态时的竞争优势，你还要考虑到武器的射程与稳定性，配合什么样的部件和倍镜，以及怎样为自己装备高强度的"护具"——千头万绪，都安排得井井有条，俨然一位真正久经沙场的"战术大师"。

我本科时的一位室友，每天都特意选在后半夜玩"吃鸡"游戏。无数个不眠夜，我总能瞥见她神色严肃的脸，被手机里的"一方战场"照得发亮。

很长一段时间，我都以为她单纯是沉溺于游戏才会"不舍昼夜"的。可白天也有一些空闲时间，却不见她玩，实在说不上是沉迷其中。直到有一天，我把疑惑问出口，才得知真正的原因。

她说："我太'菜'了，趁后半夜人少，抓紧时间'上分'。"

原来，深夜时玩家少，游戏活跃度下降，系统会安排出行

动迟缓的"假玩家"。她趁此时竞争不激烈——"矮子里面拔将军",大大提升了自己的获胜率。

对于这种夜深人静时的"弯道超车",我不知是该赞扬她是"策略大师",还是该鄙夷她有损游戏精神。但不可否认,对于这个严谨的思路,我肃然起敬。

可见,对于游戏目标的认知不同,玩家选择的策略也不一样。但是,无论是解压型玩家,还是认真型玩家,只要能够达成自己玩游戏的目标,就称得上是"这波不亏"。

那么,这和高效学习有什么关系呢?

在本书的第一章,我想先摆明一个基本事实——如果你游戏玩得好,那就说明你至少具备了成为高效学习者的潜力。

究其原理,游戏由一系列规则构成,是达成一定条件才能实现目标的具体任务。而我们在生活中涉及的各类学习任务,其实也是由一系列规则构成的,并达成一定条件才能实现目标的具体任务。

儿时,长辈常教育我们说:"要是把打游戏的精神头花百分之一到学习上,你早就不止这个分数了。"

"打游戏"之所以常常成为学习的类比对象,正是因为它们有着一样的内核。**我们投身学习,只不过是在玩一场更辛苦、赌注**

第一章
以终为始：根据脑海中酝酿的目标，精准塑造你的未来

更大、竞争更激烈的游戏。

能玩好，就必然有能力学好。

将学习总结为一项"规则为径、条件为终"的任务，似乎和我们的认知有所偏差。

毕竟，很多人都提出——学习是以终身为目标的，是人类进步的阶梯，是为了获取知识，培养健全的心智、提高审美和精神境界的必经之路，是人之为人的主体权利与义务。这些关于学习目标的解释，正如幸福、快乐、爱、公正、自由等美好的概念一样，深入人心。

我并非说这不正确，相反，它们千真万确。只不过，这些是学习的终极意义，而我们通常会混淆"意义"与"目标"。

意义是深远的，目标是现实的。在这个高度竞争的时代，学习的目标大多带有"功利性"——我们之所以要学习，很多时候不单是为了提升"精神境界"，而是为了达成一个个非常具体的结果。

升学、留学、考证、求职、研究一门学科、掌握一项技能——它们都是"功利性"的，甚至是可量化的，并且和世俗意义上的成功紧密相连。

我们在这里所谈的"功利性"，意味着我们会为了非常具体

的结果而去学习。它们最终指向的仍是更好的生活。因此，我们不必为了所谓的"功利性"而感到不安。

正因为学习有"功利性"和目标性，我们才需要提高效能，在实用性的指导下锻炼思维方式。毕竟，好时光有限，能够又快又好地完成目标，是生存的重要能力。

在我们投入学习之前，最先需要弄明白的便是高效能学习的第一步——学习的目标。

或者说通过学习，你想要得到什么样的具体结果。

高效能学习的第一步，是要做到有的放矢，对通过学习达成的结果，有一个清楚、准确、全面、细致的认知，需要搭建一幅"目标全景图"。

简言之，必须先搞清楚，你想学成什么模样。

这听上去非常简单，可很多人却做不到。孜孜不倦的学习者很多，却只有很少一部分能明确自己的目标及其构成。

在没有构建好"目标全景图"前，再多的孜孜不倦，也可能变成最终的浑浑噩噩。

搭建"目标全景图"，指对学习目标进行全面了解及细致地拆解。

目标越清晰，目标越详细，你通过学习达成目标的概率就越高。

第一章
以终为始：根据脑海中酝酿的目标，精准塑造你的未来

那么，什么是一个清晰详细的学习目标呢？

它并不是"我要提高业务能力""我要通过托福考试""我要学会剪辑视频"这类笼统的宣言。这些宣言应该作为题目，被写在"目标全景图"的顶端——这仅仅是设立目标的开始。

接下来，我们要像写一篇说明文一样，对这个题目进行详尽的解释和分解。

那么，什么是详尽的解释和分解呢？

我们需要问自己以下几个问题：

第一，你想通过这次学习，达到怎样的结果？

第二，为了达成这个结果，你需要满足哪些具体的条件？

第三，对于这些条件，它们各自有什么要求？

简单来说，就像玩一场游戏，我们最先需要弄明白的是——游戏规则是什么？

只不过，大多数学习任务需要的时间、精力成本很高，不像游戏可以先摸索，"死了"能"复活"，不确定时可以"存档"，允许玩家反复试错。而学习就没那么多的试错机会了，我们更需要一开始就尽可能弄清楚本次学习的规则。

为了弄清楚"目标全景图"中的大目标，我们要把大目标拆解成小目标，再把小目标按照其各自的条件，进行进一步拆

解——不断重复分解动作,直到最终的每一个子目标都能让你看得见、摸得着。

如果把本文开头谈到的"吃鸡"当成一个学习科目,要将这一套拆分法则运用到游戏中,那么在它的"目标全景图"上,先假设认真型玩家的"题目"是"吃鸡达到精英级别"。

拿出说明书(游戏指南)和解剖刀(你的大脑),我们开始画图:

首先,如何达到精英级别?

从指南可见,需要游戏积分达到一千八百分。

那么,要想让积分达到一千八百分,有什么条件?

需要积累一定场次的胜利。

那么,为了积累胜利场次,需要什么条件?

越晚被淘汰越好,保证存活率、击杀率、治疗率方面的评分。

那么,如何才能提高存活率?

尽早搜寻到更高级别的"护具",不要在游戏初期采取冒进的策略,选择竞争不激烈但是物资还算充足的落脚点,等等。

那么,什么样的落脚点才竞争不激烈?怎么判断"护具"是否高级?

第一章
以终为始：根据脑海中酝酿的目标，精准塑造你的未来

……

通过不断地追问自己，目标就不会是一个轮廓模糊、遥远的结果。

再比如说，某大学生选修了一门文学名著赏析课。如果想要实现高效能学习，在开课之初，他首先要明确的是：我想通过这学期的学习得到什么？

若是为了提高文学素养，那么在构建"目标全景图"时，需要考虑的并非是这门课程考核的具体细则，而是要通过这门课程，达成文学素养上的大幅跃升，都有什么条件？

比如，多阅读老师推荐的图书，参加考纲之外的研讨会，以及在撰写作为考核内容的读书报告时，选择自己感兴趣的题目进行论述。

在既定的考核标准下，他们最终的考试成绩可能并不高，不过既然达成了提高文学素养的目标，分数就是身外之物了。

当然，大多数人不会对课程抱有如此的诚意，更多的只是为了得到高分，给出一个漂亮的成绩单。那么，这类学生要想成为高效能学习者，就应该充分了解授课大纲中"考核方式"的评分细则。

以下，是一份真实的课程评分细则，供各位参考。

高效学习法
名校学霸教你把学习变得轻而易举

考核方式

考勤（10%）

个人作业（30%）

从指定参考书目中任选其一，每人提交一份不少于3000字的读书笔记。（截止日期：第16周当堂课上）

小组作业（40%）

4~6人为一小组，对上述"研讨课"中的某一文献进行小组式学习。要求分工明确，组织有序，至少召开两次小组会议，并有会议记录。依据教学安排，进行相应的课堂展示，每组展示时间为10分钟（超过11分钟则酌情扣分），为同学们讲述文献的论点、重点及内容梗概（无须个人评论），并在"互询环节"回应其他同学的提问与质疑。每次研讨课均有6组展示，当堂依据现场同学的投票进行小组排名，排名前3的小组均可得到5%的加分。研讨课结束当天，请以小组名义提交以下材料：

✓ 展示PPT（演示文稿）电子文档（1份）

✓ 组内分工明细表（1份）

✓ 会议记录表（1份）

✓ 个人填写的组内互评表格（密封）（4~6份）

第一章
以终为始：根据脑海中酝酿的目标，精准塑造你的未来

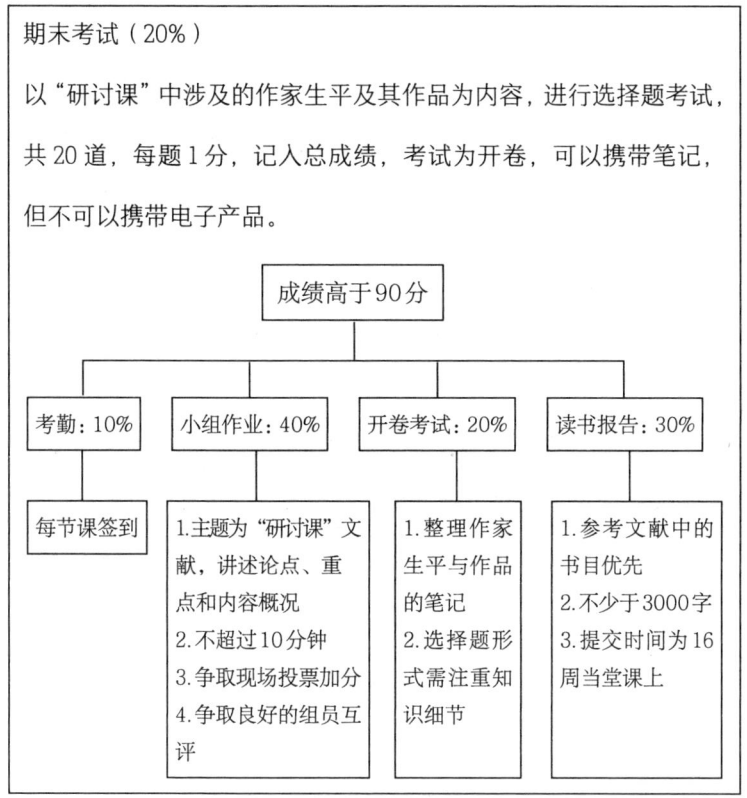

这是一份详细的评分细则，根据此细则分析考试得高分的条件，这些学生构建的"目标全景图"可能是这样的：

对他们来说，"目标全景图"中包括考勤、小组作业、开卷考试、读书报告的内容，不需要像第一类学习者一样广泛阅读，只要针对重点进行精研。在这个过程中，他们为了在各个比例的评

分标准中做到极致,需要一一完成每个指标。

我并不会对上述两种目标、两种全景图孰高孰低进行评判。它们都是高效的,只不过目标不同而已,每一步拆解下来细化的要求自然也不同。就像写作时不管体裁是议论文还是记叙文,先列好写作大纲,才不会跑题,也才能更好地分配精力。

有一幅详细的"目标全景图",不亚于航海时有了航海图和指南针,在别人茫然无措时,你已"乘风破浪远航"了。

在此,我想再次强调:对目标的拆解要尽可能清晰细致,找到达成主目标和子目标需要的标准。

这种拆解和细化的能力,来自信息搜集的能力。比如,一门课程得到高分的标准,可能藏在第一节课就发布的学习大纲里。善用检索能力,甚至可以找到往年的样题,以此明确考核重点。

在这里,我想追问读者一个问题——你是否曾认真读过考试大纲?或者对考试大纲进行过详解的了解?如果是的话,恭喜你,你已经找到了搜集信息的捷径。

高考冲刺阶段,我经常翻看的是当年的《新课标高考大纲》。

听上去甚是奇怪,对吧?

至少,我身边许多同学并没有"精研"过"高考大纲",通

第一章
以终为始：根据脑海中酝酿的目标，精准塑造你的未来

常只是草草翻阅，认为里面所列举的知识点过于笼统，还不如老师给的纲要或者自己整理的笔记详细。

但实际上，合理分析"考试大纲"是非常必要的。大纲本身能够提供对各项标准和条件最为官方、详细、权威的构建方式，是老师们备课时反复研究的"政策性材料"。通读"考试大纲"，能够帮助你有效认知考试涉及的考点都包括哪些？在"考试大纲"里，我们甚至可以找出知识结构和复习思路。

可以说，它是以取得高分为目标时，一个现成的"目标全景图"。

放着官方画好的全景图不去参考，可谓极大的效能浪费。

目录也可以起到相似的作用。在阅读一本书或学习一门知识时，从目录里我们就可以了解到，这本书讲授的知识分为几个模块。在学习之初，对通往目标的道路就有一个体系性的掌握。

请谨记，在投入学习之前，要先弄清楚自己到底想"学成什么样"，善用信息检索能力，把"游戏规则"吃透，在一张白纸上按照规则标准，逐步拆解各级目标。

做好这一步，学习这场"游戏"，才能够赢得漂亮。

Part 2
如何让白日梦照进现实

在上一节里，我们讲了如何绘制精确的"目标全景图"，但这并不是目标构建的全部。

毕竟，勇敢的人会开凿自己的命运之路，其中有两个要素：第一，是命运之路。第二，是勇敢的人。只知其一，不知其二，不可称为一个高效的开凿者。

简单来说，对心之所向的目标进行充分剖析后，你必须再剖析自己。就像许多孩子从小到大被长辈所教训的——"照照镜子，你自己是个什么样，心里没有数吗？"

在明确学习目标之前，我们必须逼迫自己正视这个也许难堪，甚至羞耻的问题——我的能力水平到底是怎样的？我和目标之间，差得到底有多远？

在之前的内容里我们谈到，深入了解学习目标的意义，犹如

第一章
以终为始：根据脑海中酝酿的目标，精准塑造你的未来

在大海航行中手握航海图与指南针，不至于迷失方向。而在这一节讨论的则是你这艘船自身能够达到的速度。目标全景图画不好，会做不完或者难以把握关键点；而对自己了解得不够深刻，则会导致我们不能完成目标。

目标做得再好、再准确，做不完又有什么用呢？毕竟，大多数学习任务是有残酷时限的——不是你跑赢它，就是它甩掉你。

这种自我审视，和第一节谈到的目标精准认知，是一体两面、相辅相成的。后者要求学习者运用倒推，细致地将大目标拆解成该目标需要做哪些工作、完成何等步骤、匹配什么资源，等等；前者则要求把自己摆在经过细致拆解的步骤面前，看看自己是否有能力按时完成、获得所需要的资源。

高中时，我常年稳居年级第一，但这反而给了我一种"风中浮萍"的感觉。朋友笑我"独孤求败"，师长也给予厚望，但实际我心知肚明——如果我的名次排不进全省前十五，或者全市前五，"清华北大梦"就岌岌可危。

在研究了数年的高考分数线后，对于怎样的排名才能挤进最高学府的大门，我十分清楚。然而，令我内心惴惴不安的是：作为一个并非高考名校的"状元"，我的成绩在全省能排得上号吗？全校第一和全省前十五之间的距离，究竟有多远？

当然，这不是我一个人的焦虑。我相信，在没有参加统一命题统一阅卷的大型联考之前，所有人都会对自己的定位感到茫然。这种茫然，就是因为在目标面前，由于客观原因，我们缺乏对自己能力水平的充分了解，不知道自己"到底能不能完成我们制订的计划"而辗转难眠。

这样的茫然，也是一种可能导致目标搁浅的隐患。正如许多人口中戏言的，高一时，觉得自己努努力就可以考上清华北大；高二时，觉得985名校志在必得；高三时，才发现自己挣扎在"二本线"上。

回到前面的故事，在全市一模之后，我得知自己的成绩在全市排名第八。

当时我的同桌对我说："没关系，你只需要再超过三个人，就稳了。"那一瞬间，茫然的焦虑变成了现实的焦虑，心里绝不是什么好滋味，却不得不重新吊起一口气来投入竞争。

最终，我超过了四个人。

可以说，没有当初知道自己"还欠点火候"的打击，在激烈的竞争中，我很难做到"百尺竿头，更进一步"，很有可能与梦想的高校失之交臂。

那么，剖析自己、正视自己，很难吗？

第一章
以终为始：根据脑海中酝酿的目标，精准塑造你的未来

打开手机后置摄像头，给自己拍一张素颜照，说服自己"我确实长这个样子"，很难吗？想减肥的人，踏上电子秤，脱光衣服露出赘肉，站在镜子前，很难吗？

此刻的沉默便是答案。

自我审视，并把自己放在竞争者中去比较，的确是一件既难为情又痛苦的事。然而，一个勇敢的人不会讳疾忌医，而是要逼迫自己克服羞怯和恐惧，扪心自问：

我目前的能力是怎样的？

我能否在有限的时间内，以足够的速度，跑完全程？

如果目标是一个明确的分数线，我和这条线，差多远？

如果有多个竞争者共同赛跑，我在其中处于什么水平？

这种自我审视会带来恐惧。这种恐惧的根源在于，我们害怕承认，对于自己选择的目标，我们承担着最终的责任。

但我们必须承担这样的责任。即使答案是令人沮丧的，敢于向镜中望去这一眼，你就已经跃进了一大步。投在自己身上的目光，必须是冷酷的。因为唯有如此，你才能把自己这枚棋子放进目标全景图中，你才能作为一个"勇敢的人"，真正出现在"开凿自己的命运之路"这一情境中。你才能根据时间和里程，调整自己的速度，进而逼出自己更快的学习速度、更高效的学习

高效学习法
名校学霸教你把学习变得轻而易举

能力。

我在自学托福之前,曾经去了一家英语学习机构进行咨询,觍着脸"蹭"了他们为推销课程,向潜在顾客免费提供的英语水平测试。

在没有资料和其他电子设备的房间里,我独自对着电脑答题。题目难度根据答题者的正确率逐渐攀升,从一开始最简单的看图选词——给出一张书本的图片,让答题者从"book""bird""boy""bed"四个选项中选出正确答案,到后来要求答题者根据关于美国大选计算选票的音频,选出说话者的态度。仿佛游戏过关一般,而当我终于因为错误率触及红线而被迫终止答题时,系统计算出了一个分值。这一分值,据称就是答题者"裸考"托福能够得到的分数。

这便是一个非常好的例子——在投入学习之前先给自己做个"体检"。

而这样的"体检",不仅在投入学习之前需要做,在学习过程中也应当随时对自己的能力提升和学习速度进行审视。

学习好像是一场马拉松,只有认真分析自己的体能和耐力,测出以往的大致配速,才能心里有数:在几个小时内,能跑完全程。跑步过程中,也应该随时测测心率、看看时间、调整

第一章
以终为始：根据脑海中酝酿的目标，精准塑造你的未来

速度。

当然，不是所有的"体检"都有着相对客观的分数和指标可循的，更不是所有的学习都有"模考""统考"供学习者进行自我检视和横向比较的，那么和竞争者交流也就不可避免了。毕竟，他人也是一面有参照意义的镜子。

那么，这难吗？

对于广大"社恐"患者而言，打探竞争者的学习进度难上加难，绝对不是什么良好的体验，甚至面对别人友好的主动打探，也只想大喊一声"Leave me alone"（走开），宁愿独自做一名学海中的"孤独小水手"。

可是，高效能的学习，有可能是孤独的，但绝不是封闭的。

"你复习到哪里了？"这句话，无疑是许多学习者最不想被问到，也最怯于问出口的。但是，了解竞争者的学习能力和进度，对比出自己竞争力大小，是非常有效的自我评价方法。

在清华，许多课程考核有一项非常"变态"的标准，即教授最终打出的成绩要满足"正态分布"，90分以上的成绩不可以超过选课人数的20%。这一项规定意味着，即使一门课学生总体都学得很好，但只要你不能跻身1/5的最好，就得不到"A"。这一规定让无数学生愁到"秃头"，也让课堂成员彼此之间的竞争压

力陡增。

在这样的情况下，就连最讨厌打探竞争者学习进度的学生，也不得不支起"情报天线"，打探同班同学的学习水平，以分析自己是否还需要加把劲，才能留在前20%。

"你复习到哪里了？""你的课程论文写了多少字？""你们组打算做加分的课堂展示吗？"这些"精打细算"的问题也许无奈，但却有效。有些学生，在知道自己的同辈都很拼，便会考虑把规定至少3000字的论文写成30000字，为跻身考核前20%上道保险；还有些学生，比如说我，总是后知后觉，当知道大家都至少复习过一遍，已经开始研究老师往年的出题风格时，才惊觉刚开始看书的自己复习得太晚，这才懊恼地调整速度，熬夜看书。

我虽然不喜欢这样的学习氛围，但是在高效率的任务型思维下，这样的交流和调整，虽然苦闷但却是必要的。

如果美好的学习目标是场白日梦，那么要让它照进现实，我们必须要先照照镜子。以分值标准为镜、以自我测试为镜、以同辈压力为镜……不然，只会陷入开局意气风发，最终力竭在半途的尴尬局面。

哪怕照镜自查后发现，自己并非花容月貌，而是天生能力欠

第一章
以终为始:根据脑海中酝酿的目标,精准塑造你的未来

缺、起点颇低、速度迟缓,和同辈相比处于后20%的位置,那也无妨。正所谓"知耻而后勇",有时正是自己的缺点,成为激励自己"多读书"的催化剂。

退一万步讲,这样的冷静认知,也要比"丑而不自知"强上千万倍。

Part 3
瞄准超出射程的靶子，逼出自己的潜力

在我念初中时，中考的科目包括体育加试。其中，有一项最考验人的项目是立定跳远。要想取得优秀，女生至少要跳到190厘米的距离。

由于加试成绩会以一定比例计入中考总分，有过类似经历的学生大概都会记得那段全校督促锻炼的日子。特别是临近考试前几个月，全年级出动，同学们每天差不多有一个小时的时间在操场上大练特练。

立定跳远的练习设备最为简单，复杂的需要一把卷尺，简单的只要在塑胶操场上量出190厘米的距离，拿粉笔画一条横线即可。练习者只需要全神贯注，努力让脚后跟跃过这条横线就行。

平时模拟测试时，我都侥幸能恰好跳过横线，将将达到"优秀"的标准。

第一章
以终为始:根据脑海中酝酿的目标,精准塑造你的未来

可是平时在班级场地自由练习的时候,却总会离"优秀线"差半只脚的距离。与我有着同样问题的女生也有很多,眼见着考试临近,大家不由得都有些抓耳挠腮,心中发慌。不过,十三四岁的中学生精力最为旺盛,体能的潜力也很大。经过蛙跳、蹲起和反复的动作指导,我们肉眼可见地慢慢进步了,从十有八九不过线,到过线的概率提高到五五开,再到十有八九能过线。我们这才放下心来。

令人吃惊的是,在考试当天,全班同学都取得了远超平时练习水平的成绩——大多数女生的成绩达到了200厘米,有的甚至一跃到了两米一二。男生也比平时训练的记录多了10厘米~20厘米。

在所有人都认为自己考试超常发挥,欢欣鼓舞之际,平时监督我们练习跳远的班主任背着手笑眯眯地走过来,道出了事情的真相。

原来,在我们班级场地上画的那条粉笔线,并不是190厘米,而是210厘米!男生们练习的终点线也在他们不知情的情况下被画得更远了。当我们为了跳过那条"优秀线"而苦恼并努力着的时候,早已不知不觉具备了超过真正的"优秀线"的能力。

这件事给我的印象非常深刻,也在之后不知不觉地改变着我确立学习目标的思维方式。关于实际能力、个人潜力、目标和心

态之间的关系，虽然每个人的实际情况千变万化，但对于绝大多数人而言，一个稍微高于现实能力的目标才是有益的目标。

简单来说，**合适的学习目标是你"踮起脚尖蹦一蹦"才能够到的目标。**

这种"跳起来才够得着"的目标，指的是既有挑战性，也符合现状，在可实现的范围之内的目标。

为什么要选择这样的目标呢？

我们再来看看立定跳远这个例子——为什么班主任老师要在日常练习中"欺骗"我们呢？

我能想到的理由有三：其一，通过适度加压，增加我们练习的紧迫感，防止骄傲自大，从而激发潜力；其二，提高平时训练的难度，以确保我们在正式测试时，即使发挥一般，也能够取得较好的成绩；其三，培养学生挑战自我的意志力。

其实这三点理由，也正好回答了为什么在选择学习目标时，要瞄准射程外的靶子这一问题。

首先，潜力是逼出来，甚至是——被"骗"出来的。

如果选择一个没有难度的学习目标，最好的结果也只是达成了一个没难度的目标而已，遑论能力本身的提高。但如果在合理范围内，为自己提供一个较高的目标，从而创造出良性的压力环

第一章
以终为始：根据脑海中酝酿的目标，精准塑造你的未来

境，结果则时常能给你惊喜。

实际上，越是"温柔"的目标定位，越容易让自己滑落进平庸的安全港。目标没有难度，人向愿景前进就会非常缓慢。若是出于懒惰、自卑或者胆怯，心里总想着为自己留退路，那么大概率会走上退路的。

仅仅冲着及格而去，原本努努力能够考八十分的你，却往往只能拿到六十分。冲着八十分去努力，就算力竭而未达，至少也会及格。选择保底确实是一种策略，但保底也很容易成为你最终的归宿。

有许多人在备考时会暗示自己，实在不行可以"二战"。怀着这种心理，在第一次考试时便没有拼尽全力的觉悟。至少在我所接触的备考者中，包括我自己，无论是考语言、考研究生还是其他资格证，凡是怀着这种心态去备考的，几乎都不可避免地走向了"二战"的曲折道路。

2018年司法考试改革，将客观题和主观题分为两次进行考试，若是今年客观题及格但主观题未及格，客观题的成绩可保留一年，第二年可以直接再参加一次主观题考试。此消息一出，有许多对主观题没有信心的备考者松了一口气——即使今年没有通过，明年还有第二次机会呢。

但仔细想来，单论对学习者的激励，这并不是一个好的考试方式。由于目标被两次机会削弱和分化了，抱着今年先试试，实在不行明年再战的人，不可避免地会在备考中出现懈怠的心态。

相反，那些出于种种因素，不得不将所有的精力押注在一次考试中的人，能够通过考试的概率则远高于为目标设立安全港的备考者。

我也曾一度挣扎于这样的心态，并为自己辩解：我只是把目标拆解为许多阶段性的小目标而已——跳不到优秀，就先跳到及格，然后再向下一个等级进发嘛！

在自控力较弱的情况下，这样的心态会导致完成了小目标，就满足于此，进而忘记了大目标的情况。

诺贝尔经济学奖得主理查德·塞勒做过一个类似的实验，给伦敦的出租车司机设定每个月赚得六千英镑的目标，将目标拆解后，每天只需要赚到两百英镑即可达到这一月的收入。

在实验中，大部分司机在乘客较多、不到半天便能赚够两百英镑的情况下，会早早收工回家，而很少有人选择继续工作。

也就是说，大多数人在心态上，会趋向于满足阶段性的小目标，而不会在有提升空间时向下一个高度进发。对于学习而言，这是对潜力的极大浪费。

第一章
以终为始：根据脑海中酝酿的目标，精准塑造你的未来

其次，从实用主义、应试主义的角度来谈，这样的目标可以保证即使发挥一般，也能够达到愿景。

许多人学习还是有着具体的考试目标的，而考试有一大不稳定因素就是临场发挥。临场紧张、题型变化、身体不适、考场有人"作妖"……这些都很容易让考试时的水准低于真实水准。

若目标是一匹马，那么还是冲着成为一头骆驼去努力比较保险。这样，即使突发意外，也能瘦死的骆驼比马大。

这里举几个简单易懂且很容易操作的例子。

在平时练习、做模拟考试的时候，将时间定早五到十分钟结束——在不知不觉中，做题速度就提高了，即使实战中遇到难关，也能为自己留有余裕；本来作为文科生，不需要练习理科难度的数学卷子，但若是以理科标准要求自己，能够在数学考试题目很难的情况下游刃有余……

说到底，这是把自身潜力逼出来，以此逼出一个自己都不敢相信的自己。

最后，选择一个具有挑战性的目标，能够培养自己的成就需求能力。这对于完成未来的学习任务，培养学习品质，是非常有益的。

哈佛大学的戴维·麦克利兰教授在20世纪50年代，提出了

成就动机理论,将动机按照成就、权力、亲和三种人的高层次需求进行了分类。其中,成就需求(Need for Achievement),即渴望事情做得更好、效率更高、获得更大的成就感的需求,和我们学习时的心态比较类似。

而麦克利兰总结出高成就需求者的特征中,就包括"喜欢设立具有适度挑战性的目标""不喜欢接受那些在他们看来特别容易或特别困难的工作任务""喜欢中等难度的目标"。

换句话说,**高成就需求者,在选择目标时,会选择在能力范围内最艰巨的挑战——即一个人拼尽全力能够达到的目标。**

这样一种进取的姿态,不仅仅是一次立定跳远考试的收获,也是在漫长的人生道路上,使得你我持久受益的心灵姿态。

这一节的最后,我来讲一个儿时的故事作结。

小学三年级时,我想竞选班干部。班长这一岗位竞争激烈,我又是刚转学一学期的"新人",对自己没什么信心。于是,我打算退而求其次,竞选学习委员这个稳妥的职位——尽管这个职位并非我最渴望的,却是最保险的。

但我的父亲在得知此事后,非常严肃地对我说:"要么就竞选班长,要么就不竞选。学习委员有什么意思?"

于是我连夜修改了讲稿,认真准备,并最终打败了其他竞争

第一章
以终为始：根据脑海中酝酿的目标，精准塑造你的未来

对手，高票当选了班长。

直到如今，在进行目标定位犹豫的时刻，我都会反复地告诉自己：

"要么竞选班长，要么不竞选。"

既然有达成目标的可能，就不要因为害怕失败而"委屈"自己的潜力。

第二章

合理规划:
学习计划,
让人又爱又恨的效能双刃剑

靡不有初,鲜克有终。

——《诗经·大雅·荡》

Part 1
只管制订不管完成？学习计划到底害了谁

谈到合理规划，我相信读者的脑海中，首先跳出的是各种经验之谈都会提到的四个字——学习计划。

提到这四个字，我就不免想到高中时的一个插曲。

我们高中没有强制周末补课，为了让学生把握好双休日的时间，在家也能自觉学习，班主任想出了一个"妙招"，那便是强制大家制订周末学习计划，并在每周一将学习计划另附一张实施情况，要求家长签字后上交。

老师的本意是好的，但没几周，这场改革就逐渐变成了一场闹剧。

每周一早上，教室里就会涌现一批补写学习计划的同学——先是从本子上撕下来两张纸，一张现编一个上个周末的"学习计划"，再在另一张上大致编出一个实施情况，并龙飞凤舞地伪造

第二章
合理规划：学习计划，让人又爱又恨的效能双刃剑

家长签名——这一套程序下来，最多也就需要五分钟。

教室里时常还会出现这样的情况：补写学习计划时，不少人缺乏灵感，便向同学借来几份计划，从"前座"那里抄几项，又向"后座"那里"借"来几条"日程安排"，最后再照葫芦画瓢为自己写上一段深刻的自评。结果在全班几十份计划中，往往有十几份都措辞一致地写着相似的时间安排——仿佛大家心有灵犀，在周末也共享着大同小异的作息时间。

老师拿着学生自导自演的计划表和实施表，对我们连声赞叹。每当这时，教室里都弥漫着一种尴尬且心照不宣的安静。学生们交换眼神，默契地不点破这场形式主义滑稽表演的真相。

但是，这样的学习计划，除了浪费每周一早上那五分钟外，又有什么用呢？

只管制订，不管完成的学习计划，到底骗了谁？又害了谁？

一直以来，凡是谈如何学习，"学习计划"这个词都免不了被捧上神坛。在大众的观念中，凡是"好学生"，都一定有着一份堪比机器人的作息表，从早上六点到晚上十二点，精确到每分钟，都做好了最极致的分配。

网上流传甚广的清华"学霸""每天睡五小时"的作息表，被无数人疯狂转发，成了脍炙人口的传说。人们看到网上流传

的名校"学霸"密密麻麻的作息表,产生的反应往往是肤浅的——我不如"学霸"厉害,是因为我没有这样完美的学习计划;如果我有了这样完美的学习计划,我也能像"学霸"一样厉害。

暂且不论许多人混淆了日程计划和学习计划之间的区别,最主要的是,他们粗暴地把学习计划表(作息表)和有计划地学习视为等同。

实际上,**学习计划表和有计划地学习,完全是两码事。前者是一种形式,后者是实质。**

在许多人心中,"学习计划"是一份以时间为单位,将学习任务放入各个时间段内的精细作息表格。时间单位划分得越小、任务塞得越满,"学习计划"便越好。

若是以这种观念来定义"学习计划",那么,我想先向各位读者坦白,我是一个从未按照"学习计划"学习的人。

原因似乎很羞耻,是因为每次当我尝试列一个时间计划表来约束我的学习时,总会以失败告终。我不习惯这种非常精确,以时间段规划的方式,故而干脆放弃了制订计划——管他的"早上八点十五起床听英语",我先睡到精神饱满再说!

当然,我并没有否定这一类型的计划表,就像豆腐脑有"甜

第二章
合理规划：学习计划，让人又爱又恨的效能双刃剑

党"和"咸党"之分一样，对学习的计划也应因人而异。若是对主流的"学习计划"趋之若鹜，只管制订，而由于不适合自己、缺乏意志力等原因不能完成，那么这份"学习计划"反而会大大降低你的学习效能。

我有一个朋友，她是一位意志坚定、极其自律的人。当大部分人在冬天的早上，怯于寒冷的天气而赖床时，她总能在闹钟响起的第一秒直直坐起，背着前一晚收拾好的书包风雨无阻地前往图书馆。哪怕再累再疲惫，她都会风雨无阻地夜跑三千米。

像这种类型的人，自控力、执行力强，对于按照精确日程规划时间有着天然的适配度，我自然不会批判她去制订一份精确的计划表。因为对她而言，将任务一个个落实到每分每秒，极大地满足了她的安全感，她也有能力高度执行这份计划。

但我也有另一位朋友，和许多人一样，有着一般的自控力和普通的执行力。她早上会等闹钟响过三遍才缓缓起床，"刷"起手机来没个完，自习途中总想溜出去看个电影。她一度也相信了一份精确到分秒的时间表能够帮助自己有规划地学习，于是花费了好多时间，用excel（电子表格）模仿学霸的日程表制订了一份早出晚归、连吃饭都被限定在二十分钟内的学习计划。

然而，她没有一次能够按照日程表执行。而每一天的失败，

高效学习法
名校学霸教你把学习变得轻而易举

则给她的内心造成了更大的压力,迫使她在第二天的计划中塞入更多的任务,计划更严苛的时间安排,而次日则又是一场恶性反复。一次次的"完不成",导致她越来越低效,愧疚感、负罪感和自我怀疑逐渐积压。

直到她明白,这样的学习计划既不适合自己,也不适合自己目前的学习目标,将excel计划拖入了电脑回收站,才从"害人"的学习计划中解脱出来。

这位朋友,其实就是我自己。

现在想来,当时许多压力和焦虑都是过于烦琐和僵化的学习计划带来的。每天晚上入睡前,我想着今天的计划又有大半没有完成,不由得悔恨万分,发誓明天一定要多看几页书、多做几套题,把今天耽误的补回来。次日又是如此,压力、焦虑、拖延和后悔便像滚雪球一样越滚越大。到了最后,我已经不想再打开那个精致的excel计划,甚至打开电脑,看到它小小的图标,都会陡然生出一阵烦躁。

现在,我采取了更适合自己的"每周任务"的方式来规划自己的学习,它能够给我更为良性的反馈,带来更高的完成度。

完不成学习计划,弊远大于利。它会打击你的自信心,打乱

第二章
合理规划：学习计划，让人又爱又恨的效能双刃剑

你的学习节奏，更可怕的是，它会将你裹挟进一种"完不成也是正常"的心态，使得学习者对于好不容易树立起的学习目标产生怀疑。

人不是机械钟表，也很难有着新闻报道中"学神"般的意志力和身体素质，而且众多学习者的学习目标和个人特点都不尽相同，因此，对传统作息表式计划的迷信，必须破除。

就像前文提到的"双休日学习计划"事件，当一刀切的"学习计划"政策将学习规划完全异化成了一种功用性的形式主义，学生们轻则会因为自己的"不自律"产生羞愧和焦虑的负面情绪，重则会通过不断打破自我承诺，在潜意识里埋下对于自我管理、自我规划的轻视和不信任。

这些情绪和潜意识，足以将一个兴致勃勃地向着目标进发的学习者拖入自暴自弃的深渊。

另外，大多数人对于一份完美计划的迷信，其实是出自"道德许可效应"的影响。"道德许可效应"指的是——当我们对某事有了一个道德标准后，在做出相关的行为和判断时，反而更倾向于违背这项道德标准。

它通常表现为，在我们向目标迈出一小步时，心里的愉悦感会推动我们去放纵一下自己，以此作为自己迈出这一小步的

奖励。比如，在锻炼了一小时后，认为自己已经离健身的目标近了一步，纵容自己多吃几块甜点；看了几页书，便纵容自己玩更长时间的手机；上午取得了一点点进展，下午就变得懒散……

而许多人，在为自己制订了一份"严格自律"的学习计划后，误以为制订计划让自己离学习目标近了一步（实际并没有），在心里产生了虚假的愉悦感后，反而把执行这份学习计划推到了脑后。这样，一个看似符合"道德标准"的"好"的学习计划，却将学习者推向了"坏"的自我安慰中。

由此可见，学习计划可以通往目标，但完不成的学习计划，也可以摧毁目标。

希望大家能够明白，**高效能的学习，是有计划地学习，而不是学习怎样做一份"漂亮的计划"。**

有计划地学习并不是仅仅指你在某个时间段做某件事情。在高效能学习的过程中，我们需要考虑的绝非如何把任务看似漂亮地塞进分秒必争的时间段，而是要综合主客观因素，为自己量身定做一份真正有效的计划。

换言之，有规划地学习的本质，并不是让你对每一天的每分每秒进行计划，而是要你对自己有计划。

第二章
合理规划：学习计划，让人又爱又恨的效能双刃剑

在本章接下来的内容里，我会分别谈到客观（学习任务时限）与主观（自身人性弱点）这两大因素对合理规划学习进程的影响。

Part 2
长征还是短跑？量身定做你的学习法

虽说有计划地学习并不等同于做一份时间日程表，但它却和时间有着无法分割的关系。学习是由一系列规则构成的，并以达成一定指标作为目标的具体任务，而时间往往也是规则中最重要的一项。我们在做规划时，必须将时间限制作为重大因素加以考虑。

这仿佛是不言自明的道理——用一年的时间掌握一门学科，和用一周准备一场考试，我们自然会采取不同的策略。

但实际上，虽然大家嘴上都这样说，但在现实生活中，很多人是看不透这一点的。

在有计划地学习中，如果把本来应该是长期的任务挤压在短期内完成，自然难达到理想效果。反之，将短期任务"抻"到长期，看似准备得十分充分，实际则"过犹不及"。

第二章
合理规划：学习计划，让人又爱又恨的效能双刃剑

不知道大家有没有观察过田径项目运动员的身材差别，特别是短跑和长跑运动员之间的区别。虽然他们都是以速度论输赢的，但是短跑和长跑运动员的体型却差异很大——前者腿部肌肉夸张地隆起，后者则双腿纤细紧实。

这是由于短跑运动员讲究的是在短时间内的爆发和冲刺，他们看重肌肉的力量和爆发力，需要大肌肉群在短时间内提供加速力量，因此训练其腿部肌肉增加、围度增大。而长跑讲究的则是耐力，因此选手的身材普遍较为纤瘦。

把跑步换成学习，道理也是一样——在计划你的学习进程时，你需要对学习时限有明确的认识。若这是一场"长跑"，那么就要"论持久战"；若这是一场"短跑"，那么短期爆发才是正道。

我有一个同学，他就是个"焦虑狂人"，向来喜欢一切事情都尽在掌握的感觉。才二十多岁却仿佛一个"领导"，喜欢念叨"万事多做准备，早做准备"。

有一次，我们许多人一起准备一场职业资格的小考试。这场考试难度并不大，而且也不是以分数论输赢——只要做对百分之六十的选择题，就算通过。考题都是选择题，规律性、套路性很强，基本都是针对简单易懂的原理和规则进行考察，给出现实生活中的例子让考生作答。

前辈以及官方指南给出的指导都是，只要在考试前的一两周，至多不超过一个月，大致通读并理解教材，做三五套真题，就能轻松应对考试。

但我这个同学，出于其过于严谨的天性，以及焦虑情绪的影响，在距离考试还有三个月的时间，就开始了复习。三个月里，他将那一本不算太厚的复习材料看得滚瓜烂熟，所有能找到的历年真题也都能够倒背如流——真可谓把这门考试出题风格的变迁、发展都研究透了。

为了这场考试，他三个月的时间里埋头苦学，对于同学们吃喝玩乐的邀请一概拒绝。

然而，生活不是网络小说，没有让人大跌眼镜的情节发生，他投入了如此大的精力，最终当然是高分通过了考试。

但猜猜看，还有谁通过了考试？

绝大多数提前一两周才打开教材的同学，也都基本通过了考试，有些人的分数甚至比那位同学要高出一截。

我这位同学心里愤愤不平：自己精疲力竭换来的结果，居然被考试前一周临时抱佛脚的人给追平了！那么这三个月的努力，岂不是一场笑话？

实际上，这确实有点令人啼笑皆非——有这三个月的时间，

第二章
合理规划：学习计划，让人又爱又恨的效能双刃剑

干点什么不好？非要把一场"短跑"性质的考试当作一场"长跑"，实质上，他不仅没有什么有效的输入和结果上的奖励，还白白浪费了许多放松、娱乐的机会。

高效能的学习者不会将三个月都浪费在这一场小小的短跑中。在充分了解这场考试的性质、难度和往年经验后，他会意识到，这是一个更多依赖于答题技巧和短期理解记忆，且强度较轻的学习任务。换言之，这是依赖于"爆发力"而非"耐力"的任务。

高效能的学习者会在头脑中盘算：其一，背诵内容量适中，任务量级较轻；其二，题型都是生活化、套路化的选择题；其三，只要答对百分之六十以上的题目就可以顺利过关……进而得出理智的结论："短跑"的规划最为合理。

于是，同样是三个月，哪怕他在前十周优哉游哉，在最后两周埋头冲刺，效能也比埋头苦学三个月要高效得多。

还好，我这位同学除了浪费了生命中的三个月外，没有遭受什么实质性的损失，还是通过了考试。但这种把短期任务放入一个较长的时间区间进行规划的行为，更严重的后果是"一鼓作气，再而衰，三而竭"——由于规划的时间过长，一遍一遍地反复，学习劲头反而会在冲刺阶段变得松懈。

当然，大多数人更容易犯的错误，并不是用"长跑"的时间

去完成一个"短跑"的目标,而是在时间本来就不够用的情况下,还采取"长跑"一样匀速而事无巨细的学习方法和节奏。

明明距离考试只有三天了,却不抓紧时间先复习知识点最凝练、最密集的部分,而是从"概论""学科的历史源流"等考点稀疏的部分看起,最终发现时间不够了,才草草浏览后面的部分。结果,最重点的部分反而没有时间细细复习,考试不会考到的部分倒是能够说得头头是道。

面对短期任务,最忌均匀用力。既然时间紧迫,那么就要将时间用在最重点、回报率最高的学习内容上。所谓"短时、高效",看的就是即时反馈的能力——简单粗暴地讲,就是哪里考得多,哪个知识点考得频繁,就主攻哪里。

而更常出现的一个误区,是要进行"长跑",却没有"长跑"所需的耐心和毅力,做不到一步步持之以恒地推进长期的学习任务。

我们最熟悉的一个"长跑"式学习目标,是高考:花费三年时间,从巩固基础开始,到融会贯通,再到一轮复习、二轮复习……体量如此大的学习目标,需要合理安排,而非短期一腔热血的冲刺和临时爆发。

所谓"考前三个月,提高两百分"的补习宣传是不可信的,

第二章
合理规划：学习计划，让人又爱又恨的效能双刃剑

可信的是"九层之台，起于累土"中的踏实，和"动心忍性，增益其所不能"中的坚持不懈。

因此，在制订学习规划之前，我们要先问自己几个问题：这个学习任务的难度，究竟需要我达到多少学习量和练习量？大约折合多少时间？再以此来判断它是一个长期的学习任务，还是一个短期的学习任务。

一般来说，能在两个星期内解决的，可视为短期任务。如果所需的学习时间要以月计，那么它就是一场长跑——至少也是八百米赛跑。你在跑八百米的时候，也需要讲究在第一圈均匀用力，第二圈保持速度，并在最后两百米开始加速，最后五十米疯狂冲刺。体力的分配尚有科学规律，更何况是学习呢！

在明确了学习任务的时间限制后，规划时就不至于无理可循。

短期学习需要突出重点，（而非平均使用力量）考虑直接效果，提高时间利用率，灵活多变。相比之下，长期学习目标的体量要大得多，因此更需要强调知识结构的完整、扎实和周密，不能贸然推进。

更重要的是，**长期学习需要更多的情绪管理**。就像马拉松比赛中，要锻炼心肺能力和耐力——因为你免不了要花费时间克服艰难险阻，少不了要面对没有即时性反馈的暗无天日的日子。

高效学习法
名校学霸教你把学习变得轻而易举

实际上,没有学习任务是孤立的。短期任务和长期任务之间,还存在着相辅相成的关系。在短期任务中锻炼的爆发力,有利于在长期学习中提高效率;在长期学习中储备下的知识背景,能够在面对下一个"抱佛脚"的学习任务时,站在巨人的肩膀上"走捷径"。

但这一切的前提,是能够理性区分学习任务的性质,并制订出最适合自己的学习方法。毕竟,站在马拉松赛道上,你不会想做那个小腿肌肉鼓鼓,但冲刺了一百米就筋疲力尽的运动员。站在短跑的赛道上,你也不想空有一身耐力,在发令枪响时,想着慢悠悠地起步。

第二章
合理规划:学习计划,让人又爱又恨的效能双刃剑

Part 3
让人爱上的学习计划,是一份人性弱点诊断书

做学习规划时,要考虑的一个重要因素是自身的弱点。可以说,一份好的学习计划,是一份"人性弱点的诊断书"。

为什么我非常反对极其完美、严丝合缝、对于一切时间(哪怕是从起床到刷牙前的十分钟)都要严加利用的学习计划?

因为对大多数学习者而言,这样的计划没有考虑到规划学习进程时的主观因素。换句话说,一份非常完美的、不放过每分每秒的学习计划,是容不下学习者的人性弱点的。

在探讨如何构思目标时,我们就谈到过——想让白日梦照进现实,追梦人也需要自己照照镜子。也就是说,在确定学习目标的同时,也要正视自己的能力水平。这样的自我审视,也应当贯穿整个学习过程。

那么,在规划学习时,也一定要审问自己在心态上的弱点。

这里提到的人性弱点是什么呢?

就是我们时常谈到的拖延、焦虑、眼高手低、懒散、执行力差、不受束缚……

我们要认识到,有弱点是非常正常的。要克服它们,需要一个漫长的过程,绝非一朝一夕就能达成。

在规划学习时,与其用一份不可能完成的"完美计划"来刻意"压制"自己,不如和自己的弱点"和解",并最大程度地发挥自己的潜力,达到最好的学习效果。

许多人对学习计划"只管制订,不管完成",是因为他们并非意志坚定、积极自律、自控力和执行力很强的人,因此和精准的日程规划有着天然的不适配性。

如果你没有制订一份精准的学习计划,但是最终达到的效果,一点儿也不比那些有着严丝合缝的精准日程的人差,其实就不必追求这种形式主义。

自儿时起,在许多个假期,我也曾怀着一腔热血,在纸上信誓旦旦地列出自己的时间规划:

8:00-8:40　　英语听力

9:00-11:00　　做一套题

11:20-12:00　　批改订正

第二章
合理规划：学习计划，让人又爱又恨的效能双刃剑

13：00-15：15　学习网课……

但结果反而引起了不适。次日，我先是睡到日上三竿。然后玩一会儿电脑，吃点儿水果，再一抬头，已经是下午两点。直到晚饭后，才坐在桌前打开了书本，一直磨蹭到凌晨。

这样"间歇性发愤图强"地制订计划，持续性不遵守计划的情况，会让人更加无所适从。

如今，从不用"学习计划"约束自己的我，却仍旧有条不紊地推进着自己的学习进程。

在生硬地照搬"清华学霸"式或"衡水高中"式的学习计划后，我很快发现了自己心态上的一些特点：

首先，我的性格比较倾向于"自由散漫"，不喜欢被固定的东西束缚，相比于能够从计划中获得安全感的人来说，计划带给我的更多是焦虑与压力，执行力也随之变得低下起来。

其二，如果计划被打乱，我很容易陷入自责和放任自流的情绪中，并不能很快将计划重新进行合理调整，继续推进，而是爱搞一些弥补性质的"突击"。

其三，我在白天的注意力要远低于夜深人静时，一个大部分任务集中在白天的计划往往被执行得七零八落。一个灵活不"周密"的计划，的给我带来的限制和负面情绪，要远远小于过于周

密的计划。

于是，我根据自己的性格特点，采取了更加宽松、更加有驱动力的规划模式——我将其称之为"每日/每周任务"模式。

简言之，我会以言简意赅的方式，列举在这一天/一周内我必须要做完的几项任务。而具体什么时间段做哪个，则根据自己的心情和状态灵活推进。每完成一项，在纸上划掉一项，保证在一天或一周结束后，将任务清零。如果完不成的话，我会推迟睡觉的时间，直到做完为止。

即使这个"每日/每周任务"模式有鼓励熬夜之嫌，但它确实更适合我。也许我会在白天浪费一些时间，"磨蹭"掉一些时光，但是，这几个待完成的任务，由于极其简单和直接，会非常清晰地停留在我的脑海中，让我的潜意识不断催促自己回归到应当做的事情上。

哪怕我错过了早上8：00～8：40的英语听力这一"时间段"，也不会陷入懊恼的情绪，而是直接进入下一项任务，会在当天晚些时候，在入睡之前再去完成它。

在执行任务的时候，我会发现，有一些任务并没有想象中的那么耗时，那么就可以快速推进它，把时间留给其他的任务，或者弥补之前贪睡、贪玩拖延的时间。这样的形式，还让我可以有

第二章
合理规划：学习计划，让人又爱又恨的效能双刃剑

效提升自己的效率，努力压缩每个任务所需的时间，腾出更多的时间给自己休息和放松。

这样的任务规划，在完成一定学习量后，多余的时间将属于自己——这无疑可以激励不那么主动和积极的学习者提高自己的效率，以便有更多的时间让自己放松，也大大减少了"注水""磨洋工"的低效率学习。

当然，该如何量体裁衣，选择能够适配自己却不过度放纵自己的规划，是个因人而异的技术活。

在和自己的弱点和解的同时，要温柔地克制它们，而不是放纵它们。是的，让学习计划"取悦"自己和让学习计划"溺爱"自己，是两回事。

即使是性格散漫、容易放任自流的我，在根据自己的特点制订合适的计划时，也不会解除所有的限制，而是加上了"完不成不许睡觉"这项紧箍咒。这样，我的拖延与散漫就会有一个心理上的负面反馈——如果过于轻视每日的任务，最后需要接受熬夜的惩罚。

在"量力而行"的自我诊断阶段，你还需要仔细考虑以下问题：

我习惯的起床时间和入睡时间是几点？这一作息下，我是否

高效学习法
名校学霸教你把学习变得轻而易举

能够保持清醒、健康和愉悦?

我是在白天注意力更加集中,还是在夜间注意力更加集中?

我平时是否经常迟到?

我从坐在书桌前,到进入学习状态,需要多久?

我是否喜欢所有事情都被安排得井井有条?

比起一切都严丝合缝的安排,我是否更喜欢看心情做事?

每次让我完不成学习任务的事情都是什么?拖延症、意外事件打断学习节奏、身体超负荷运转,还是杂乱事情分散注意力?

……

不断扪心自问后,你自然会对自己的弱点和倾向的作息状态有一个更好的了解。

如此一来,夜间注意力更集中的人,可以将主要的学习时间放在晚上;喜欢娱乐的学习者,可以将短暂的娱乐作为完成某个学习任务之后的奖励;只有在Deadline(最后期限)面前才有动力的拖延患者,可以考虑给自己设立一个最晚完成时限……

你会发现,通过这样量体裁衣的规划,你的弱点得到了尊重、利用和制衡。

弱点被尊重,而非一刀切地直接戒掉,身心的状态不会被突

第二章
合理规划：学习计划，让人又爱又恨的效能双刃剑

然搅乱，并能有效地规避自责、焦虑和后悔等情绪的影响。一个良好的身心状态，比起机械的完美日程，更能够稳定推进你的学习进程。

在正视自身弱点和利用弱点的过程中，我们也可以逐渐实现对弱点的制约和修正。

这就是为什么我在此篇开头说，一份好的学习计划，是一份人性弱点的"诊断书"——因为它涉及的是人的自我认识、自我接纳以及自我疗愈的过程。

第三章

时间管理:
在高价值区探索你的时间增效

> 我不知道他们给了我多少日子,但我的手确乎是渐渐空虚了。在默默算着,八千多日子已经从我手中溜去,像针尖上一滴水滴在大海里,我的日子滴在时间的流里,没有声音,也没有影子。我不禁头涔涔而泪潸潸了。
>
> ——朱自清《匆匆》

Part 1
剥除"糖衣"后，
纯粹学习时间比你想的更有限

我们已经概括性地探讨了如何设立学习目标和如何进行学习规划。大体上，前两章所谈到的主要原则离不开"了解"二字——**一个高效能的学习者，要充分了解自己的目标，更要充分了解目标下的自己。**

接下来，我们将逐渐深入学习中的具体问题、具体方法和具体的误区。

高效能，直白来说就是又快又好。在这一节，我们便要谈论如何"快"，即高效能学习中的时间管理问题——如何在高价值区间探索你的时间增效，在有限的学习时间里取得最大的学习能效。

经济学中，资源的稀缺性是一个重要概念。经济学家莱

第三章
时间管理：在高价值区探索你的时间增效

诺·罗宾把"经济学"定义为"一门探讨在资源稀缺的情况下，满足生活要求而衍生的人类行为的科学"。

而在学习这门学问里，时间的重要性可以与经济学中的资源比肩。对于学习者来说，学习时间往往供小于求，使得"如何管理珍贵的时间"这一话题成了高效能学习中一个时常被探讨的问题。

高效能学习中的"经济学"，便是"时间管理"的学问。

在开始探讨时间管理之前，让我们先来看看一个女大学生勤奋学习的一天。

这是一位随处可见的女大学生。她热衷于学习打卡，每隔几天都要在朋友圈分享自己勤奋学习的日常。我们可以将这位女大学生称为小兰。

小兰在某个周六的早上，八点钟就早早起了床，并于九点钟准时到达学校图书馆。

绕了两圈，找到了满意的座位，她将一杯热气腾腾的咖啡摆在桌面上，再把笔袋、贴纸、水杯等也整齐地排开，赏心悦目的学习环境便"营造"好了。接着，小兰打开电脑，点开了音乐软件，在浏览了十几个"专注学习的BGM（背景音乐）"歌单后，终于挑选到了适合今日的学习BGM。

然后,小兰去了趟洗手间,顺便"刷"了一会儿朋友圈。这时,时间已是早上九点半。

小兰今天的学习任务是通读几篇专业文献,并进行整理和综述。但是,她发现自己的电脑桌面乱糟糟的,于是花了十分钟将文件进行了归类整理。随后,小兰又发现,有一部文献只有在某本电子书里才能够找到,便打开万能的淘宝,开始检索卖电子书的卖家,并顺便看了看淘宝推荐的当季女装和零食。

当小兰浏览完淘宝页面抬起头时,惊觉表针已经指向了十点半。于是,她开始埋头阅读。但此前在淘宝上看到的几双当季女鞋的信息,在她脑子里挥之不去,她花费了一番精力才让自己沉浸在文字中。文献读了一半,也到了该吃饭的时间。此时,时间来到了十一点半。

在食堂吃饭时,小兰掏出手机,找了一篇网络小说来读。小说实在精彩,小兰从食堂回到图书馆后,仍旧读得津津有味。一晃神,已经到了下午两点。

小兰看了一下上午的进度,重新浏览了那读至一半的文献,捡起中断的思路,又继续研读起来。这次,她一口气学到了下午四点。为了奖励自己,她给了自己半小时的时间玩手机。

下午四点半到五点半,小兰被文献中的几个难点"卡"住了,

第三章
时间管理：在高价值区探索你的时间增效

盯着屏幕发呆，根本没有看进去多少——不如干脆去吃个晚饭吧，吃饭时和同学一起说说笑笑，好不快活。晚上七点之后，她才回到图书馆。

重复了一遍喝咖啡、选歌单的流程后，小兰突然想起之前在豆瓣阅读上标注了"想看"的一本书。此时，人在图书馆，正好可以借来带回宿舍看。于是，等她查书、找书再简单翻阅后，已经到了晚上八点。

这下不学可不行了，于是小兰拾起之前中断的思路，在文档里对文献进行了简单的整理，又花了半个小时，设置了漂亮的字体、格式，把记录弄得整整齐齐、妥妥帖帖。此时，已经是晚上九点半了。

想了想自己在图书馆从一大早待到现在，小兰油然生出一股自豪感，赶紧给桌面拍了张照片，精心编辑了文字内容，发了个朋友圈：

"又是充实的一天！年轻就是该永远走在路上呀！"

点击发送后，闭馆的铃声已经响起。回宿舍的路上，小兰愉快地想，今天已经学了一整天，回去后可以好好放松一下。

小兰，不是某个具体的人，我只是借用这样一个故事来给大家举一个错误的时间管理的例子。

高效学习法
名校学霸教你把学习变得轻而易举

许多人会陷入和小兰一样的误区,即误认为自己在学习上投入了很多时间,但实际上并没有区分出纯粹的学习时间和无效学习时间。

剥掉"糖衣"后,纯粹学习时间可能比你想象的更有限。在小兰早出晚归的一天里,纯粹学习时间可能只有三四个小时,剩下的时间则像是漂亮但无用的"糖衣"。

"糖衣时间",包括学习的启动时间、低效率时间、有害时间……

为了营造一个良好的学习环境,小兰所做的准备工作,以及从点开文献到进入阅读状态的半个小时,都属于启动时间。就像你在冬天启动车辆时,先要等车温上升一样。很少有人能在打开书本的五分钟后就进入聚精会神的状态,因此,这部分时间是需要被排除在纯粹学习时间之外的。

比如,你花费了二十分钟到三十分钟,准备一个舒适的学习环境,又花了三十分钟,让自己进入心无旁骛的学习状态,并在此状态下学习了三十分钟。在这之后,你进行了休息,但休息过后,重新"启动"大脑回到心无旁骛的学习状态,又要花上三十分钟……

在这样反复的休眠——启动——休眠——启动中,每次你都要

第三章
时间管理：在高价值区探索你的时间增效

在"开机"中损耗半小时。

小兰由于思维卡壳而盯着文档发呆，这期间空有学习之形，没有学习之实。精神不集中，大脑输入和加工知识的速度极其缓慢，这属于低效率时间，也要排除在外。

即使我们可以腾出一整个下午（约五个小时）的时间投入学习，但注意力高度集中的时间是有限的，在这五个小时里，你免不了要休息、要走神、要因为疲惫而无法推进思路……那么，这表面上的五个小时，剥掉低效率时间后，可能只有三个小时是切实有效的。

小兰这一天由于注意力不集中，游走在淘宝、朋友圈、网络小说、文件整理、借书还书之间。这些行为也许并不全都是无意义的（比如借书、整理电脑桌面、调整文档格式，等等），但都干扰了她学习的节奏和沉浸状态，因此不应当计入总的学习时间。

在排除了这些无效、低效的学习时间后，你会发现，好好的一整天，却被这些"糖衣"切割为零碎的片段，拼凑起来，也只有区区几个小时在真正推进学习进度。

所以，学习时间中的"泡沫"十分严重，特别是由于人们倾向于自我美化，时常会给自己造成一种"我很努力"的错觉。

要减少时间中的"糖衣"与"泡沫"，需要你对自己消耗的时间进行有效记录。

苏联著名的昆虫学家柳比歇夫发明了一个时间管理法：他通过真实、准确地记录自己每天的时间利用情况，对所消耗的时间进行记录和分析，让自己正确认识到时间利用状况，从而督促自己有效管理时间。

在柳比歇夫时间管理法下，人们通过客观记录，试图找出浪费时间的因素，比如犯错、做了分外之事、处理人事关系时间过长，等等，从而消除这些因素。

如果我们学习柳比歇夫，真实地记录自己一天的时间利用情况，那么相信小兰们再也不会有底气发出"又是充实的一天"的朋友圈，反而会感到忧心：为什么我的纯粹学习时间少得可怜！

既然"好时间有限"，那么，我们一方面要学会利用宝贵的纯粹学习时间，学会对学习任务进行选择和排序，将高价值的任务安排进纯粹学习时间内；另一方面，也要减少"糖衣时间"所占的比重，尽量增加纯粹学习时间。

唯有如此，才能顺着"时间增效"的弧线，从千万个自我感动而不自知的"小兰们"中脱颖而出！

第三章
时间管理：在高价值区探索你的时间增效

Part 2
有得必有失，时间管理就是选择性放弃

当代年轻人，从一流高校里十项全能的"大神"，到互联网上随处可见的"斜杠青年"，几乎都有着哪吒般三头六臂的功夫。于是我们摩拳擦掌，对同时处理多项任务的能力趋之若鹜。殊不知，当我们怀着一颗上进的心，对世界充满雄心壮志的时候，最容易陷入悲剧的旋涡。

时间管理的一大要义，在于不要贪多贪杂，而是应该保大舍小，甚至于"忍痛断臂"。只有通过选择性放弃部分任务，我们才能更高效地利用好纯粹学习时间。

我们时常幻想着像《神雕侠侣》中白衣飘飘的小龙女一般，可以左手画方，右手画圆。但一心二用的能力，并不是什么时候都有用。

和处理程式化的日常事务不同，学习是从"输入"陌生信息到处理陌生信息，再到输出处理后的信息，一整套复杂流程，并非刻意通过瞬时反应完成当下的事件那么简单。所以，当学习占用了大脑很大的"带宽"后，人往往无法分心于其他事物，遑论另外的学习任务。

基于脑科学的研究，人的大脑一次只能专注于一件复杂的事。而我们之所以自以为能同时处理两项复杂任务，其实是由于大脑"优先"处理了某些任务，而将其他任务往后排了。

比如，你在听课的同时，用手机点外卖。你以为自己节省了点外卖的时间，而听课也没有耽误。但实际上，你流失在外卖软件上的注意力，使得你要花更多的时间来弥补错过的五分钟课程——你所要额外花费的时间，要超过看似节省下来的五分钟。

所以，多线程齐头并进，并不等同于高效率。

用纯粹学习时间一心二用，是行不通的，这便是选择性放弃的第一层含义——在纯粹学习时间里，不要同时做两件事。

选择性放弃的第二层含义是指，在一个阶段性纯粹学习时间里，不要塞入多个重要学习任务或者目标，而是要"挥泪"进行取舍。既然纯粹学习时间如此有限，那么，我们就必须要用它来完成最重要的学习任务。

前段时间，微博上有一部描述大学生活的漫画《戏精宿舍》，

第三章
时间管理：在高价值区探索你的时间增效

因为深刻、生动地描绘了当代大学生的友谊和各自的蜕变而一度非常流行。其中有一段话，描述了面临毕业选择的大三女生小静的困境。

在舍友们一个个都有了保研、出国、跨专业考研的明确目标后，小静却对自己的选择游移不定。

她一边想着通过考研，继续留在自己虽然不那么有热情，但还算在"舒适区"内的专业里；一边又希望能够找到工作——但她不知道自己喜欢什么行业。于是，小静在复习考研的同时，仍旧参加了一个个招聘宣讲会。有时上午去图书馆待几个小时，下午就跑出去参加宣讲会和面试。

结果，她的学习时间变得七零八落，令她既没有时间看书复习，也没有时间整理宣讲会的笔试和面试。

这样的例子还有很多，我们身边几乎随处可见。

在留学生群体里，一度流传着"睡眠、社交、绩点"三者只能取其二的说法。但还是有许多留学生怀着一腔热血，既想得到全A的成绩单，又想深入当地文化，还希望和教授保持良好关系获得推荐信……

结果，每天的课表被排得满满的，学习任务即便不睡觉也完不成，却还要抽时间去参加同学中"社交动物"们组织的各类聚会,以及帮教授做各种助研、在课后活动"刷脸"……最后,拖垮了自己的身体不说,各项目标都没有达到理想的状态。

即使他们的初衷是上进的,想要"两手抓,两手都要硬",但最终反而导致了时间不够用——"东一锤子、西一榔头",什么都没做好。

在大学时,我见过、听过很多可以在三个月内同时通过保研考试和司法考试的"牛人"。更有人能在一个暑假搞定全职实习、保研、司法考试和第二学位的论文。但是,因为同时准备多项考试而落得两手空空、疲惫不堪的人更多,却由于"幸存者偏差"而少有人知——其实,他们在人群中占了更大的比例。

而即使是这些"大神""牛人",也进行了他们的选择性放弃——放弃了睡觉,放弃了社交……而且,据我所知,即使是同时准备两门重要考试的学生,在心里也会对两项考试孰轻孰重有着明确的排序,时时刻刻在时间分配上给予最重要的目标更高的权重,绝非一视同仁。

"一个人如何度过一天,就会如何过一生。"这种现象背后的本质,是一个人并不知道自己到底想要过什么样的生活。放在学习上,就是对学习目标不明确、不坚定,或者虽然明确,但目标繁多,过于急功近利。

第三章
时间管理：在高价值区探索你的时间增效

林达在《历史深处的忧虑》中写过这样一句话："既然有了自由，你就不能什么都想要。"而我则想借用这句话，来评价时间管理中的"选择性放弃理论"——**既然有了最重要的学习目标，你就不能什么都想要。**

若是贪多贪杂，则会成为鼯鼠一样"身怀五技而穷"的学习者。所谓鼯鼠，是会跑、会飞、会爬树、会游泳、会挖洞的一种小动物。虽然多种技能傍身，鼯鼠却"样样通，样样松"，"能飞不能上屋，能缘不能穷木，能游不能渡谷，能穴不能掩身，能走不能先人"。

所以，在时间管理中，我们的第一要义是，学会明确真正重要的学习目标，并对其他的次要目标进行必要的舍弃。

有些时候，人们被"找备胎"的心态俘获，就像《戏精宿舍》中既想考研又想找工作的小静，希望能给自己留条退路，即使A目标不成功，也能够投入B目标的怀抱里。

然而，把目标当"备胎"，把珍贵的纯粹学习时间用在摇摆不定和左右权衡中，最终会沦为目标们的"备胎"。和你同一批竞争的，有把精力百分之百放在A目标上的人，也有把精力百分之百奉献给B目标的人，而想要"左右逢源"的你，又怎能讨得"美人"欢心呢？

从最细微处来说，选择性放弃可能是指你在时间有限时，放弃学习中不重要的部分。

在我读本科和研究生时，由于文科专业的性质，大多数课程都有课前阅读任务。阅读任务少则十几页，多则几十上百页，时间紧张的时候，看完这些几乎是不可能的。

不过，在实际操作中，我们通常会有选择地去阅读其中最重要的内容，而非每一个字都读。在国外求学时，教授们在布置阅读任务时也会细心地指出哪些是"Skim"（略读），哪些是要逐字逐句研读和理解的。

需要逐字逐句研读的部分，即被"不重要"的部分衬托出的"重要"内容，也许是最核心的法条原理，也许是课上要展开详细讨论的材料……选择放弃一些次要的内容后，你就可以花大量时间去学习这些核心知识。

不是所有老师都会手把手地给出指示，所以，更多的时候，学生需要通过自己的判断来找到重点——这也是一门有关选择的技术活。

而从更大的格局来说，选择性放弃可能涉及你的长期选择和规划，甚至会涉及更深层的问题——

第三章
时间管理：在高价值区探索你的时间增效

我是想融入环境，还是更想做到能力过硬？

我这一阶段需要拓展人脉，还是更需要踏实巩固自身？

社交、休息和成绩，哪一个对我更重要？

做"全能型人才"，专精于甲领域，还是专精于乙领域？

停留在"舒适区"，还是探索未知的领域？

这些问题，都等待着你更为严肃的思索，以及思索过后的取舍。

有时，舍弃是痛苦的。但是，这种选择性放弃仍旧是值得的。正所谓"求我所必求，为我所必为；当取则取，当舍则舍。"

真正高效率的人，是懂得有所不为，才有时间有所为的人。

Part 3
两大变量，四个象限，轻松排序你的多重任务

让我们想象这样一个场景：

你正在家里，伏案敲打键盘，火急火燎地赶一份在十分钟之内要交的重要报告。此时，厨房里传来"咕噜咕噜"的水烧开的声响，你的桌上放着昨天做了几页的CPA（注册会计师考试）习题，几个月后，你将参加CPA。

与此同时，在噼里啪啦的键盘声、咕噜咕噜的沸腾声中，你的手机响起了提示音，显示有一条娱乐消息等待查看。

此时，我们暂且不提一个高效能的学习者，仅仅是作为一个脑子清醒运转着的人，该怎样做呢？

答案简单明了。

首先，处理最要紧的事——在十分钟之内就要完成的报告。厨房里煮着的东西，可以让家里的其他人去搭把手，帮忙把火关

第三章
时间管理：在高价值区探索你的时间增效

上。至于CPA，那是几个月之后的事了，只要保证每天固定投入一定的时间复习就行。而手机上蹦出的八卦新闻——完全可以当它不存在，或者在其他事情都做完后，随便瞄上一眼即可。

我们似乎无法想象，一个脑筋正常的人会选择先拿起手机看娱乐新闻，再去厨房关火，等到最后火烧眉毛的时候才匆匆收尾报告。

同样，我们也难以想象会有人放着锅里沸腾的食物不管，饿着肚子先做两个小时的试题，这时厨房里可能一片狼藉了。

但是，在现实生活中，这种任务排序错位的事情却频频发生。尤其是在学习领域，当纯粹学习时间非常有限时，我们必须要对多重任务进行排序。而排序时，往往会有很多人分不清轻重缓急，让高价值的时间白白流失了。

我们应该如何管理自己的时间呢？除了上一节谈到的"选择性放弃"之外，我们还应明白哪件事应该优先放弃，以及在有多重任务缠身时，如何决定它们的优先级别。

在这里，我想向大家介绍一个"简单粗暴"的但让我受益匪浅的时间管理法则——四象限法则。

四象限法则把事务的"紧急程度"和"重要程度"分别作为横轴和纵轴，以这两个变量为基准，把任务按照紧急、不紧急、重要、不重要来排列组合，由此分成四个象限。

听上去非常简单，但实际上，这一法则"简而不陋"，蕴藏着大智慧。

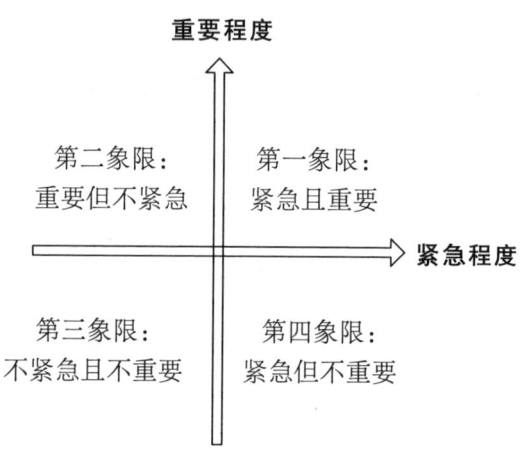

我们来看上图中的四个象限，x轴代表紧急程度。越往右代表越紧急，就像厨房里亟待关火的锅，以及十分钟之内就要上交的报告；越往左则代表事物越不紧急，比如说三个月之后的考试，或者什么时候看都不会消失的娱乐八卦。

y轴则代表了任务的重要程度。越往上，代表任务越重要，就像重要的报告，以及对职业发展有深远影响的CPA；越往下则代表任务的重要程度越低，比如一锅大不了煮烂的食物，或者看不看都无所谓的娱乐八卦。

第三章
时间管理：在高价值区探索你的时间增效

由此区分后，我们便得到了四个象限：第一象限里，任务是既紧急又重要的；第二象限里，任务是不紧急但是重要的；第三象限里，任务既不紧急也不重要；第四象限里，任务虽紧急但不重要。

在开头的例子里，十分钟内上交的重要报告处于第一象限，三个月后的CPA属于第二象限，看娱乐新闻属于第三象限，厨房关火属于第四象限。

简单粗暴，非常清晰明了，适用性也很广泛。

那么，这些任务如何排序呢？

首先，我们要解决的是第一象限里既紧急又重要的事情。

这些任务具有时间上的紧迫性和重大意义，必须优先处理。比如说，迫在眉睫的重大项目，期限将近的重大学习任务……

这些任务，是纯粹学习时间内的第一要义，因为它们是没有办法回避，也不可以被拖延的。

而对于第二象限里重要但不紧急的任务，我们需要花费充足的时间进行有条理的准备。第二象限内的任务，相当于为自己的未来进行长远投资，并有着很高的回报率。虽然它不具备时间上的紧迫性，可是仍然需要给予足够的重视。

这就是为什么我们需要每天打卡背单词，或者为一个考试进行长期准备。有时候，我们会因为该任务时间上不紧迫而将其忽视。随着时间的流逝，该任务被不断地拖延和堆积，最终导致原本在第二象限的事情挤入了第一象限，使学习者的压力陡增。

而第四象限里紧急但是不重要的事情，则具有认知上的欺骗性。事物的紧急性很容易和重要性混淆，人们倾向于认为，一个紧急任务等同于一个重要任务。在这种情况下，我们要根据事物和自己的学习目标与规划是否紧密联系，来衡量它是否重要，谨防被蒙蔽了双眼，让第四象限任务成为第一象限任务。

如果某件事并不重要，仅仅在时间上紧迫的话，那么完全可以将它交由别人处理。否则，很容易让自己陷入盲目的忙碌状态。就像厨房里的一口沸腾的锅，实际上，去不去关火和学习任务能不能良好完成，是完全没有关系的，前者只是生活杂务而已。

因此，我们完全可以将它交由别人去处理。

而被放置于第三象限里的任务，则完全是对时间、精力的浪费，我们的处理方法就是尽量少做，最好不做。玩游戏、看娱乐视频、刷微博……这些既不重要又不紧急的事项，可以用来调节身心，但是我们一定不能沉溺其中，更不能让它们影响其他三个象限中的事情。在事情的优先级里，这一象限排在最后，也是应该被选择性放弃的。

第三章
时间管理：在高价值区探索你的时间增效

总之，四象限法则下，我们要优先解决第一象限中的事情，有计划地推进第二象限中的事情，授权别人完成第四象限中的事情（或者将其排列在第一象限之后），并减少第三象限中的任务对其他象限任务的干扰。

日常生活尤其是学习生活中，有太多的情况可以借助于四象限法则。即使无法像上一节所言，在纯粹学习时间内只专心做一件事，也可以把绝大部分精力放在先完成重要而紧急的事项上。不至于在时间紧迫且有多重任务时手足无措，甚至于"捡了芝麻丢了西瓜"。

一个高效能的学习者，会将三个月后考试的复习任务均匀分配在三个月内的每一天，同时也不会耽误紧迫而重要的临时大事。

而一个低效能的学习者，则很容易将重要但不紧急的事情拖延成又重要又紧急的事情，以至于被第一象限内聚集的繁多任务压得喘不过气来。更糟糕的是，他们还很容易受其余两个象限任务的干扰，纯粹学习时间被蚕食得所剩无几。

这一时间管理法则，不仅可以应用到高效能学习的领域，对于人生选择也有着重要的指导作用。它能够让你在进行重大选择时，更有逻辑地捋顺思路。

在我了解到这个法则的第二天，我参加了一个非常重要的面试。面试中,面试官给了我一个假设情景:如果一个人得到了一个非常难得的保送研究生的机会,但是,在千里之外的家乡,他的母亲得了重病,急需人照顾,他该做怎样的选择?

面对这样一个两难问题,我自然在朴素的感性思考后就得出了放弃读研照顾母亲的答案。但面试要考察逻辑能力,自然不是随口几句鸡汤就能够过关的。

于是,我借用四象限法则,向面试官说明了我的思路:继续研究生学业和照顾母亲都属于很重要的事情,那么,它们之间的优先程度就要以紧急性来划分。此情此景,母亲重病远远比继续学业更加紧急——学业中断了日后还可以继续,但亲人的健康却是无法耽搁的。

虽然这样一个回答今天看来十分稚嫩,但我想表达的道理不言自明——四象限法则的适用性,比我们想象的更加广泛。

Part 4
用零碎时间扫除零碎事项，
为高价值行动腾出空间

既然时间是资源，除了高效分配这块"蛋糕"，让高价值任务占领高价值的纯粹学习时间之外，聪明的学习者通常还会思考一个问题——如何将"蛋糕"做大？

在本节里，我们将要讨论的就是——如何减少第一节提到的"糖衣时间"，尽量增加纯粹学习时间。

直白来说，我们需要扫除产生"糖衣时间"的事项，让"糖衣时间"不再侵蚀纯粹学习时间，为高价值行动腾出空间。

"糖衣时间"包括学习的启动时间、低效率时间、有害时间，等等。比如，学习时喝杯咖啡提神，打开书本进入状态之前的二十分钟，查找资料的时间，消磨在手机上的时间……

这些零零碎碎的事项，每一件虽小，却像白蚁一样，将整块的学习时间"蛀"得七零八落，让人从埋头专注的学习状态中屡屡被拉出来。这就仿佛一辆车，开着开着忽然熄了火，重新启动需要耗时，提速也需要时间，速度自然上不来。

那么，该如何扫除这些零碎事项，让这辆"车"一路前行呢？

答案是，把零碎的事项放到零碎的时间去做。

什么是零碎的时间？

每一天，总有一些让人感到尴尬的碎片时间，它们过于破碎和短暂，我们很难将它们视为可以完成完整学习任务的"时间块"。

比如，在公交或地铁上通勤的几十分钟，课间休息的五到十分钟，赴约前的半个小时……再比如，上午的事十二点半才结束，下午两点又要开始新的工作——我们不知道该拿这一个半小时怎么办，往往选择刷刷手机，就把零碎的时间消磨掉了。

相信言及于此，很多人内心会产生一个疑惑：既然有这些零碎的时间，为什么要拿它们去打发零碎的事项，而不是投入学习呢？后者岂不是让纯粹学习时间变得更长，整体效率更高了？

当然可以！

你可能听说过一种利用零碎时间的方法，即鼓励大家在通勤

第三章
时间管理：在高价值区探索你的时间增效

路上读书，或者利用午休或者课间用APP（应用程序）背背单词、学学英语。但是，这些事情说起来简单，对很多人来说，做起来却并不容易。

这个美好设想的前提是——学习者真的能够迅速进入专注的状态。

然而，随时随地进入聚精会神状态的能力，并不是所有人都具备的。

在微信上，我关注了一位经常分享学习日常的博主的公众号。她就属于有着迅速集中注意力能力的"天选之女"。

她在文章中提到，自己从小就有一种天赋，可以在任何精神状态、任何环境下，快速进入聚精会神的状态。哪怕是在嘈杂的商店或者拥挤的地铁上，只要给她一本书，她就能够在短短几分钟内，"两耳不闻窗外事"地沉浸其中。

对她而言，本来要两个小时才能完成的学习任务，可以被拆分成四个"半小时"，见缝插针地利用零碎时间完成——在上班路上完成任务的四分之一，午休的时候完成四分之一，下班的路上完成四分之一，再在一家人饭后闲聊的时候完成最后四分之一。

而在相同的状况下，许多人是无法达到这种完美状态的。譬如，给我半小时的通勤时间，我可能要花上足足二十分钟才能看进去书，而最终进入大脑的只有五到十分钟的内容。因此，对我来说，更有效率的办法是在一个较为大块的时间里一口气完成重要的学习任务，而非像挤牙膏一样散碎而不连贯地做事。

人和人的习惯、思维方式是有很大差异的。有的人躺在宿舍的床上也学得进去，有的人身处闹市仍然可以静心读书，有的人可以仅用一秒就从放松状态切换成认真学习的状态……他们很幸运，可以将零碎时间纳入纯粹学习时间的范畴。

但是，更多的人在吵闹的环境下难以集中注意力，需要在安静的图书馆才能专心，或者需要沉静一段时间才能"渐入佳境"……开启专注力对于大多数人而言，不是一个可以"啪"地打开的开关，而是需要慢慢跑完缓冲的进度条。

对他们而言，与其利用零碎时间学习，不如利用零碎时间做零碎的事来得更有效果。

言归正传，我们该如何高效利用碎片时间，处理琐碎的事务，为纯粹时间腾挪出更长的时间呢？

想想我之前提到过的大学生小兰的一天。

一个高效能的学习者，不会在学习中途突然决定去整理桌面文件，或者马上要开始阅读才购买电子书，也不会选择在图书

第三章
时间管理：在高价值区探索你的时间增效

馆花宝贵的时间来调整文档格式。更别提刷淘宝、看小说、找歌单、借书、发朋友圈等既不紧急又不重要的事情了。

一个高效能的学习者会利用课间休息的五分钟，一边放空大脑，一边顺手将桌面文件分类归档；一个高效能的学习者会在老师布置完阅读任务之后，立刻趁热打铁检索资料；一个高效能的学习者会在无聊的会议、等人的间歇，顺手调整好文档的格式。

零碎事项，就仿佛是一个人的小秘书做的活计。买咖啡、资料检索、分类归档、格式调整……不需要太高的技术和含金量，即使注意力不太集中也没什么关系。

既然没有秘书，那么不妨自己给自己打下手——让精神不集中的自己，帮自己扫除影响纯粹时间的障碍。

不知道读者们还记不记得上学时，书包里塞着一大堆卷子的日子。讲究的学生会用透明的文件夹把卷子和讲义分门别类地整理好，以便在复习和老师讲题的时候随取随用。

这说明了"秘书类"工作提前做好的重要性，可以有效提高在纯粹学习时间里进入学习状态的速度。但不要舍本逐末，将"秘书类"工作放在零碎时间来做，也是很重要的。

我曾目睹过有"强迫症"的同学花了一整节自习课的时间

高效学习法
名校学霸教你把学习变得轻而易举

（毋庸置疑，这属于纯粹学习时间），把每一张卷子压得平平整整，并以几乎谦恭的姿态把它们依次摆入文件夹里。仿佛那不是一个放卷子的夹子，而是一件艺术品。

多么整齐！多么有序！然而，这是多么令人哭笑不得！

毕竟，做"秘书"是为了有更多的时间投入学习。

真正的井井有条，是在吵闹的课间、提前下课的体育课后、午饭后的十几分钟、眼保健操的间隙来做这些杂事。

另外，扫除零碎事项，也要注重及时性，切忌拖延。

有一个非常值得赞赏的学习习惯，那便是每次课后，当场补充没记完的笔记，一口气标好页码、归档好文档。如果是带着录音笔听课，最好当场补听自己漏掉的内容，并做好笔记。

这些小小的收尾工作，可能花不了二十分钟，但是如果暂时不管这些零碎事项，把它们封存并拖延，放到自习的时候再重新来做，那么所需要的绝对不止二十分钟这样简单。你要重新拾起模糊的记忆，把自己代入原先的听课情境，零碎事项经过拖延后，只会愈发膨胀，让纯粹学习时间变得更加有限。

希望大家能够和自己算一笔账：一天之内，有哪些零碎时间是可以加以利用的；有哪些零碎事项，需要做，既不费脑力又不需要太大的专注力。

第三章
时间管理：在高价值区探索你的时间增效

零碎时间又分为"固定空档"和"意外空档"，前者是在每天常规的作息中，频繁出现的空档，我们可以将一些日常的固定任务安排到这些固定空档里——比如回复邮件、买咖啡、制作每日"To Do List"、整理笔记、收藏可能需要的好文章……

而对于某些由于安排提早结束或者推迟开始导致的"意外空档"，则可以把一些意外产生的紧急的琐事在这些空档处理——比如准备师长或领导临时要求的报名表……

你很快会发现，虽然每次利用零碎时间只是回了封邮件、搜了篇文章、打印了几张材料，但学习时间仿佛一下子变得更充分了。仿佛有了一个专属于自己的小秘书，替你把所有的后备工作处理得井井有条。

时间是最公平的：每天二十四个小时，无论在谁面前都以一样的速度流逝。

但是，利用零碎时间扫除了更多零碎事项的学习者，其所拥有的高效能时间总是比其他人多。

他们优待了时间，因此时间也给他们以优厚的回报。

第四章

实质输入：
怎样把知识有效地学"进去"

德佩罗朝下看了眼那书，这时某种奇异的现象出现了：书页上梅尔洛管它们叫作"波形曲线"的那些符号，排成一定的图形。这些图形又组成单词，而这些单词拼出了悦目而奇妙的短语——很久以前。

——凯特·迪卡米洛《浪漫鼠德佩罗》

Part 1
打破资源牢笼，囤积知识不等于学习知识

从这一章开始，我们将深入高效能学习的"秘密腹地"。

高效能学习的本质，是在任务框架和设定的条件下，对知识的输入、加工和输出。在本章以及第五章、第六章，我们将详细围绕这个核心过程，体会学习这门艺术的奥妙。

人的大脑像一个工厂，知识是原材料，最终能让学习目标实现的，是用知识在你头脑中生产出来的产品。高效能学习中的"效能"，在于把自己打造成一个现代化的工厂，最大限度地把原材料转化为成品，并减少损耗，增加收益。

想要有效地把"原材料"输入"工厂"，便是实际运作的第一步。

面对这个世界上数不胜数的学习资源，我们该如何做好"输入"这第一步呢？

第四章
实质输入：怎样把知识有效地学"进去"

大学四年，每到毕业季，微信群聊里总有许多毕业生在打包卖书。在宿舍楼拐角的旧书回收箱里，每天都有人丢弃不愿带走的专业书和考试资料。

实际上，绝大多数的书并不旧，有的甚至和摆在书店里出售的别无二致——毫无翻阅和批注的痕迹，有甚者连包装的塑封都没有拆。有人戏称，这些被无情丢弃和转卖的资料，仿佛古代被重金聘来的新娘，婚后次日就成了"弃妇"，甚至到"改嫁"时也"守身如玉"。

是"新娘"不美吗？并不是，相反，这些二手书都曾是书店中的抢手货，有些平时甚至一书难求。于是，无论是群聊中恨不得论斤出售的旧书，还是回收箱里蔚为壮观的各类材料，总会被学弟学妹们成堆抱走。

我甚至见过一位学妹，在毕业弃书高峰期，每天背着一个半人高的空旅行包，在旧书回收箱旁一蹲一整天，仿佛囤积过冬粮食的仓鼠般严阵以待，见到有人前来丢书就扑上去翻检一番，直到空包装满才离去。

那么问题来了，为什么这么抢手的学习材料，会在完全没用过的情况下被弃如敝履呢？

这些囤书的人是真的会读书，还是会成为下一波的丢弃者呢？

这个时代，有太多人得了学习的"仓鼠病"，在"陷入知识焦虑——囤积知识——再度陷入知识焦虑"的怪圈中不断循环。他们见了唾手可得的学习材料便要疯狂囤积，仿佛入手了就是学到了。但入手的学习资源明明很多，却没有对学习产生有效的帮助——只知道像仓鼠一样囤积知识，却不知道如何学习和运用知识。

焦虑感在囤积知识的一刻得到了暂时缓解，但仿佛饮鸩止渴，很快焦虑又涌上心头，甚至愈演愈烈。于是，原本的材料还未打开，又忍不住去搜集新的学习资料。

这些人把握了众多学习资源，却在无形间为自己打造了一座"资源牢笼"。

在信息爆炸的互联网时代，走到哪里都会碰见信息极为丰富的"资源池"。而"资源牢笼"最为普遍的现象，便是"网盘学习法"——不管是否用得上，先存起来再说。

扪心自问，谁的网盘里没有几个G，甚至几百G的学习资料压缩包？有人囤积电子书、电影、音频课，有人囤积英语、考研、考公务员的材料。而真正被有效学习、吸收并化为己用的，往往不足几兆。

大多数情况下，这些丰富的学习资源，甚至没打开过就被搁

第四章
实质输入：怎样把知识有效地学"进去"

置了。

"先存下来，以后总会用得上的。"——抱着这样的想法，物理空间和精神空间被杂七杂八的东西挤得满满当当。花了很多时间囤了很多书，但不看，又有什么用呢？

最可悲的是——明明网盘里有一个"小型图书馆"，但自己却被关在了学习的大门外。

而收藏资料这一过程本身，也会消耗大量时间、金钱和精力成本的——这些成本，如果被有效用在学习上，就可以取得丰硕的成果。

更可怕的是，无效的囤积像是拖慢电脑运行速度的广告，大大占用了注意力的"带宽"。

为什么人会一头扎进"资源池"淹死？为什么过剩的资料反而成了学习的壁垒？有的人以"没时间"作为借口，殊不知真正的理由不是"没时间"，而是懒惰！

毕竟，与"点击下载""打包带走"相比，读书和学习多累啊！

为了打破资源牢笼，我们需要克服懒惰。但我们更需要的是，从资源牢笼的心理成因入手，对其进行分析，然后提出对策。

首先，要认清内疚情绪和"穷人思维"，学习也需"断舍离"。

我自己也曾多次陷入囤积资源的状态中，后来我发现了一个规律，我越是在学不好的时候，越倾向于疯狂地"囤积"各种材料。

实际上，这是在转移一种内疚的情绪。

在囤积资料的时候，人往往会产生一种幻觉，我称之为"学习的海市蜃楼"：把对知识的物理层面的占有，误认为是对知识的消化和理解。出于内疚和迅速改善现状的渴望，我们欺骗自己，认为只要保存了资料，学习就能得到巨大的进展。

通过囤积知识获得的安全感不过是精神鸦片。为了缓解内疚而囤积，就像人在病痛时打了吗啡：吗啡本身并不能治病，只是给人一种暂时的舒缓，而在药效过去之后，这种焦虑又会卷土重来，驱动你囤积更多资料，循环往复。

如果不进行实质、有效的知识输入，就永远不可能真正摆脱焦虑，填满内心的空虚。

与此同时，在内疚情绪作祟的时候，我们也会对知识产生"穷人思维"——因为担心错过，而引发"错失恐惧症"，使自己倾向于囤积。现在的年轻人往往会嘲讽父母那一代，他们会囤积大量没有用的东西，哪怕家里被塞得满满当当，也舍不得丢掉一

第四章
实质输入：怎样把知识有效地学"进去"

些"破烂"——因为他们年轻的时候穷怕了。

殊不知，疯狂储存和购买学习资料的我们，和父母那一代的"囤积癖"并没有区别。

在资源如此丰富的信息社会，我们可以随时方便、快捷地获取我们所需要的知识，不会"书到用时方恨少"，完全没有必要事先进行物理上的储存——学习是精神食粮，但并不是过冬的粮食，我们不提前储存，它也不会插翅飞走。

那么，既然囤积癖已成为一种问题，在学习上我们也要学习极简主义者的"断舍离"，清空"资源收藏夹"，让学习需求自然而然地产生，不要在知识输入的途中人为地制造"堵车"。

而什么是学习资源的"断舍离"呢？

简单来说，就是**我们应该清理知识的入口，把焦点放在当下，而不是未来——现在不学的就不要收藏。**

我所认识的学习高手，他们的知识入口从来都不会超过三个待处理的学习资料。

实习时，我认识了一位前辈，由于工作需要，他随时都有可能需要了解一个完全陌生的行业的基础现状，并撰写报告。今天，你可以看到他在研究一部电影从融资到发行的整体流程；明天，他就可能在学习医药行业统购统销的模式改革后，产业链上的各方该何去何从。因此,我时常能看到他在工作之余,捧着手机阅读相关行业精英所撰写的文章。

然而,面对如此之多、如此复杂的学习需求,他从来都不盲目收集学习资源。有一次,我好奇地问他:"你要学的东西那么多,收藏夹里一定储存了成百上千篇专业文章吧。"

他却回答,并非如此,自己从来不会储存三篇以上的待看文章。

每次阅读时,他总是秉承着一个原则:一定坚持看完文章,做好笔记,深入理解,再视情况进行知识整理。不然的话,花费了大量的时间去收藏这个、收藏那个,反而没时间去读收藏的文章。

让学习需求自然而然地产生,指的是如果出现学习需求,就对症下药、按图索骥。比如现在需要用到一本书,有了这个现实需要后,再去购买书本进行阅读、解决问题——这比到处进行无效的收集要快,还更省时间,思路也会更清晰。

如果看完这本书,一些问题仍旧没有得到解决,再去按照新的需要收集资料,这样每一步"随取随用",才能提高学习的效率,理顺学习的逻辑。

东西多了,反而提不起劲儿学习。做好当下的,就足够了。

第四章
实质输入：怎样把知识有效地学"进去"

其次，打破资源牢笼，需要意识到：真正有效的信息绝不会多到需要囤积。

曾经，为了备考托福，我在淘宝上重金购买了一个容量高达5G的托福学习资料包。在"宝贝描述"里，卖家把学习包吹得天花乱坠，宣传它包含了市面上几家机构的学习秘籍，几十位名师的精品课，光是托福写作的模板就有几千篇，各类电子书、练习题更是应有尽有……

我当时脑子一热，就下单购买了学习包，却始终没有将材料看完。最后，我发现，反倒是与之无关的真题训练和托福官方考纲书对我的成绩提高最有助益。

当我再次打开尘封已久的学习资料包时，发现里面五花八门的资料存在着大量的重复内容。譬如，同样在讲托福阅读练习，A、B、C老师的视频课，在讲解如何划分文章段落、总结主旨、联系上下文猜测文义上，教学内容几乎一模一样，"车轱辘话来回说"。在这个5G的学习包里，可能只有几兆的内容是有用的。

而剥去这些老师所谓"独特知识体系"的营销糖衣，他们讲授的核心内容，实际在官方机构的考纲书中做了最精简的阐释。**真正有效的知识绝不会过于复杂，复杂的往往只是市面上衍生材**

料的营销手段罢了，并没有必要一一读过，真正有用的书往往读一本顶很多本。

比如，心理学方面的书籍往往大同小异，都会提到弗洛伊德理论、童年创伤、原生家庭，等等。而这些散落在各本书中的理论，源头其实是少数最经典、最基础的著作。

与其去收藏十几本心理学书籍放着不读，或者乱读一通，不如追溯源头阅读《梦的解析》等经典著作，再去针对读不懂的地方，有体系、有逻辑地寻求补充性学习，避免在碎片知识和重复学习中浪费时间。

我也时常对备战高考的学弟学妹们说，在书店里买20本练习册放着不做，不如好好熟读课本，或者挑选一本高质量的练习册从头到尾做完，其实也是这个道理。

特别需要小心的是垃圾资源。"仓鼠病"患者很容易囤积到良莠不齐、体系支离破碎的学习资料，它们有百害而无一益，会打破知识本身逻辑的精简结构。学习者不仅没有醍醐灌顶，反而会变得更加纠结不安。

总之，囤积知识不等于学习知识，沉睡在网盘中蒙尘的资源只是一剂很快失效的吗啡。不要让无效的收藏耽误你的学习时间，更要避免让庞杂的未整理的"资源池"干扰你的学习

第四章
实质输入：怎样把知识有效地学"进去"

逻辑。

你需要走出资源的海市蜃楼，减少待处理的学习资料，清空知识入口，让当下的学习需求引领注意力。

Part 2
知识输入的捷径，
在于随时随地有"问题意识"

前段时间，一段荒诞的补习班视频在网络上迅速走红。其中打着"量子波动速读"旗号的培训机构，宣称可以让学生在十分钟内阅读十万字，通过一遍遍飞速翻阅手中的书，就能掌握其中的内容。

视频中的学生们噼里啪啦飞速翻着书，也不知是在扇风还是在"阅读"，更有甚者连书本拿倒了都不知道，仍旧跟风翻得起劲。

这样荒谬的"智商税"，居然真的有不少人买账，花高价购买课程，甚至把自己的孩子送去学习这"神奇"的"量子波动速读"技能。

可见，对于快速输入知识，人们有着太多渴望，恨不得能

第四章
实质输入:怎样把知识有效地学"进去"

"亩产万斤",一夜之间就读出个名堂。

就像许多人以"画得真像,唱得真高,弹得真快"来指导自己对于绘画、声乐和演奏一样,在学习中,许多人也普遍存在一种误解,认为"读书破万卷",就是厉害。似乎只有"日啖文献三百篇",才算得上是高效率的研学者。

这是一种错误、肤浅的理解。

真正区分普通的学习者和高效能学习者的,不是形式上的"多"与"快"。高效能的学习者,也许并不是班上那个把课文一字一句都抄写下来的乖宝宝,而是脑子里总是琢磨着"为什么",即课文中提到的某某是怎么一回事,不弄懂这些"为什么"就吃不下饭、睡不着觉的人。

在上一节我们提到,要让学习需求自然而然地产生,并在产生后对症下药、按图索骥,切忌盲目囤积学习资料。

这种"自然而然产生"的学习需求——即在学习过程中生发的"为什么",才是知识输入时最重要的路标。它是一张你为知识工厂进货时的材料表,让你在面对大量原材料时,轻松筛选出你真正需要的知识。

简而言之,**高效能的知识输入,永远都离不开问题意识。**

如何有效阅读文献,绝不在于逐行读懂,大脑一片空白地从第一个字开始"啃"。那样的结果,永远是以卵击石——时间永远不够用,神经紧绷得脑筋都转不动,被交错参差的论证弄得精疲力竭。

全世界最权威的学术期刊之一《科学》(Science)曾经邀请了来自不同领域的十余名科研人员,请他们介绍自己阅读文献的方法。以下是其中几位的回答:

密歇根大学安娜堡分校环境健康科学博士凯文·博恩克:"我总是从标题和摘要开始阅读——**它们将告诉我这是否是我感兴趣的一篇文章,以及我是否能够真正从科学上和文义上理解它**。然后我会去读引言部分,以求真正理解框架中的问题,然后直接跳到图和表,把握对研究数据的感觉。然后再去阅读主体论证部分,以了解论文是如何融入一般知识体系的。"

"随着对论点框架、数据和讨论的深入,我也会思考文章的哪些部分是令人兴奋且有新意的,哪些是生物学或逻辑上相关的,哪些是引用文献支持的。**我也会考虑哪些部分符合我自己已存的理论假设和研究问题**。"

麻省理工学院健康科学与技术项目博士丽娜·A.科鲁奇说:"在阅读论文时,**最有效的方法是带着自己的写作任务去读**,这使我能够成为一个积极的阅读者,而不是让眼睛呆滞地在成堆的

第四章
实质输入：怎样把知识有效地学"进去"

文字中扫视，把刚读到的都忘记了。例如，当我阅读文献的背景信息时，我会在Word（文字处理软件）文档中保存每篇文章中关于特定主题的信息句，**并把自己的新想法或需要进一步探索的问题作为评论写在一旁**。这样一来，以后我就不需要重新阅读这些论文了，只需要阅读这个文档即可。"

卫斯理大学天文系硕士杰西·沙纳汉说："我会先读摘要，然后，略读文章的引言部分，并快速浏览文章，查看数据图表。我会试着找出其中最重点的几张图，并且确定自己真的看懂了。然后，我将阅读结论部分。在这之后，我才会重新去看文章的技术细节，搞清我可能存在的疑问。"

这些科研人员的阅读方法大同小异，几乎都会从文献的标题、摘要、引言、结论、主体数据等最能言简意赅地概括文章探讨的核心问题入手。

同时，他们也都会带着"为什么"去有针对性、有目标地阅读，例如：

"这篇文献能够解决我在研究领域里的什么问题？"

"这篇文献哪里可以为我的写作任务所用？"

"这篇文献哪里回答了我现有的疑问？"

……

高效学习法
名校学霸教你把学习变得轻而易举

带着问题有意识地阅读，冗长的资料就被拆解为"能回答我的问题""和我想知道的问题相关""和我的问题无关"几部分。我们每次阅读的时候，将注意力最先放在自己想寻找的问题上，选择性地阅读甚至跳读，由粗而细地一层层拆解文献。

可以说，一次阅读，所求的不是将文献中的全部问题都弄懂，而是先增加自己对于某个具体问题的知识。而阅读一次后，你就得到了对于该问题的知识，在这一基础上，再不断追问自己能够根据这一层知识产生哪些更细致的问题，再带着这些问题继续读下去。

只有经过逐层、逐批的筛选后，才能精准投放你的精力，达到某种意义的"一目十行"。尽管这种"一目十行"，可能意味着不断地返回来读出新的滋味、新的理解。

这世上不存在一次读懂的文献，但确实存在通过有针对性的阅读更高效地弄明白自己头脑中疑问的方法。

走出校园后，可能我们不会再打开学术文献细细研读，但是读书、读文章，甚至听网课，也都有着同样的逻辑。

我们要根据学习需求引发的好奇带来的疑问，从学习资源中探寻出最有驱动力的一条路。

这就仿佛是看航空公司的航线图——航线是地图上的许多目

第四章
实质输入：怎样把知识有效地学"进去"

的地之间彼此连接的弧线，密密麻麻地逐渐覆盖空域。我们在问题意识引领之下的学习，就像航线一样有着目的地，不至于在广阔的空域中迷失方向。而到达目的地之后，还会有下一程。久而久之，我们征服过的空域会越来越多，最终形成一张复杂但有序的"知识之网"。

这才是真正高效的选择性输入。

小时候，我很喜欢看《百科全书》，特别是其中介绍人类进化和人类初期文明发展的部分，我时常翻阅。

我根据自己的兴趣，从人猿进化的章节开始阅读，而在每一章的末尾，《百科全书》都会给出几个页码索引，指出和这一章主题相关的关键词，以便读者想要了解更多相关内容时进一步阅读。

例如，在读古人类如何进化的时候，我不禁对人类制造工具的历史产生了好奇，便根据索引找到了"工具"的章节，知道了史前人类如何制造石器工具。接着，从"工具"到"建筑"，从"建筑"到"金字塔"……

读这本砖头般厚重的《百科全书》，不需要什么"量子波动速度"，竟也在好奇心驱动下，被我反复翻阅过了。

这样的阅读习惯，和让问题意识来导航自己对于知识的输入，

高效学习法
名校学霸教你把学习变得轻而易举

其实是大同小异的。

是否带着问题学习,是区分主动学习和被动学习的重要因素。只有主动学习,才能让知识服务于你的需求。

这里有几个实践性的小建议:

第一,在学习厚重的学习资料之前,先对这些资料做一个大体的了解,通过阅读论文的摘要、引言、结论等综合关键信息的部分,或者一本书的前言、第一章与最后一章,再或者网上对于某书某资料的评论,对自己即将输入的知识内容有一个粗略的理解。并根据这种理解,提三到四个在阅读时需要留意的问题。

给自己提问时,根据学习资料的性质特点,有几种思路。

对于事件类的知识,比如历史类,可以从"起因、经过、结果"几方面入手提问:这一事件的深层原因是什么?导火索是什么?具体经过是怎样的?造成了怎样的短期和长期后果?

对于偏流程类的知识,比如某规定下该如何处理某事,可以用"5W-1H"的思路(Who/When/Where/What/Why/How)来提问:谁来做?何时做?何处做?做什么?为什么做?怎样做?

对于有着多方观点博弈类的知识,可以试着提问:各个观点之间的相同之处是什么?不同之处是什么?各自的优越性和缺点是什么?

第四章
实质输入：怎样把知识有效地学"进去"

第二，在学习的时候，就像前述科研人员建议中提到的，随时在笔记或者文档中记录下自己产生的需要新一步探索的问题，并在之后试图为它们寻找答案。

第三，既然是带着问题来输入知识，那么带着不同的问题，看同一份学习资料，获得的收获也不同——正可谓"横看成岭侧成峰"。所以，同一份学习资料，可能会在知识输入的过程中被多次使用，这是值得鼓励的。

知识输入是没有捷径的，不存在一目十行就能理解吸收的道理。唯一可以称得上是知识输入"捷径"的，不是所谓的魔法，而是让问题意识带你，在知识的海域里不断开拓新的航线。

Part 3
知识输入是从宏观到微观，再到宏观的迭代上升

画知识结构图，一直是一种既传统又新潮的方法论。

从在笔记本上涂涂画画，到现在用ProcessOn、OneNote、MindMaster等思维导图制作软件，学习者一直没有停止将知识结构化地输入大脑。

但是，你真的了解在知识输入过程中，制作知识结构图背后的原理吗？

我们有时会听到关于如何读书的不同说法：有人说，读书是一个把书读薄再读厚的过程；又有人说，读书是先读厚，再读薄的过程。到底是厚是薄，似乎没有统一的说法。

我们也时常看到关于制作知识结构图的不同指南，从寥寥数字的极简版，到详略得当的适中版，再到把每个知识点都展开

第四章
实质输入：怎样把知识有效地学"进去"

抄写上去的"要点终极"版。到底哪一种最有效，似乎也未有定论。

实际上，它们都是对的。

知识输入，离不开对宏观框架的把握，也离不开对细节的掌控，更离不开从宏观到微观，再到宏观的不断迭代和升华。

读书，需要由厚读薄，再由薄读厚，复薄复厚。知识结构的梳理，也需要从简到繁，再化繁为简……如此反复，才能够真正做到扎扎实实的知识输入。

"宏观"地输入知识，本质是要学习者掌握信息的结构化思维。

结构化思维所体现的第一个方面，是懂得如何从一大段信息中迅速提炼出"框架"。把一个功能复杂的"身体"，剥皮、割肉、拆骨，以找出身体的框架。

有了框架，你就能明白需要学习的这部分知识的"分子结构"是什么，它由哪几部分组成，知识点之间的关系与轻重。这样在知识具体输入的时候，才能够胸有成竹、心中有数。

这个步骤是非常重要的。正如读论文时，科研人员一般会着重看摘要和引文，因为在这两部分内容里，会针对论文整体所包含的信息给出简明扼要的介绍。由于论文的写作很考究行文的逻辑性，有着坚实的架构——"骨头"，因此，高效的阅读技巧便是先从摘要、引言部分摸清"骨头"，再去逐渐丰满"血肉"。

也唯有从宏观入手，抓住框架，才能更有把握地对新知识产生"问题意识"。

如果不先从宏观上把握信息的框架，学习者就仿佛进入一片知识的原野，身上除了稀薄的好奇心外别无他物，只能散漫地、无系统地缓缓"散步"，而对于足下的小路会引导自己走向何方一无所知。

你不知道学习的知识是什么，不清楚哪些是自己已经掌握、哪些是完全陌生的，更不会知道哪些是自己接下来该用心的地方。

这也许是读文艺作品时比较自在的一种阅读方式，但对于"功利性"很强的高效能学习而言，知识的原野是要迅速开垦、采矿，而不是让人惬意地闲庭信步的。

《如何阅读一本书》中有这样一段话："每本书的封面之下都有一套自己的骨架。作为一个分析阅读的读者，你的责任就是要找到这个骨架。一本书出现在你面前时，肌肉包着骨头，衣服包裹着肌肉，可以说是盛装而来……你一定要用一双X光般的透视眼来看这本书，因为那是你了解一本书、掌握其骨架的

第四章
实质输入：怎样把知识有效地学"进去"

基础。"

如果在知识输入时，你的脑海里不具备一个宏观的系统结构，那么学习时就会像在搬家时没有对杂物的收纳策略，既浪费时间又很杂乱。但如果依照用途、种类、价格、新旧等分类标签把杂物分类好，那么收拾起来就会快很多。

其实，我们在小学阶段学习的内容，就包括如何让学生用结构化思维来剖解信息的训练。

也许有读者还记得，在阅读课文时，有时老师会要求用两道斜线"//"为文章分段。有的文章属于"总分总"结构，有的属于"总分"结构，有的是"分总"结构。有时，我们还需要在每一段课文中寻找"主题句"，并在下面画上波浪线。

这种训练，实际上就是迅速把握信息中的框架的练习。

从拿着铅笔，给一篇三百多字的课文划分"总分总"的时候起，小孩子们就已经在为未来阅读一部学术巨著、学习几十页的学习资料、钻研复杂而烦琐的文献做好了最初的准备。

关于如何提炼框架，我在这里分享一些个人经验，以及从诸多优秀前辈和同学身上吸取的方法。

第一，先揪住学习材料中，对知识整体概括、浓缩程度最高的部分。

如果是一本专业书籍，应该先阅读前言；如果是一篇论文，那么应该先阅读摘要、引言以及结论；如果有目录的资料，那么目录中的大标题和分级标题便是一份现成的"骨架"……

这些部分，由于精华高度浓缩，可以说每一句都链接着知识主体的一部分内容，读后就能最快速地对知识主体有一个宏观的印象。

比如，在一篇四十余页的研究家庭暴力司法判决的法学论文中，作者在摘要中这样写道：

"家庭暴力犯罪主要包含控制型暴力犯罪和反应型暴力犯罪……实证研究发现，实务中对家暴犯罪的定罪量刑尚不完善：控制型暴力中，虐待罪的定性尚待厘清，量刑时存在结果导向的思路，对施暴人的特殊预防必要性考量不足；反应型暴力中，防卫认定过严，故意杀人'情节较轻'条款未被合理适用，量刑时反映被害人过错的情节未得到全面考量，谅解等法外因素影响过大。根据实证研究结果，我对处理家暴案件的方法进行了分析反思和规范建议。"

读完这短短的二百多字，我们很快能够提炼出许多重要的信

第四章
实质输入：怎样把知识有效地学"进去"

息，并整理出这篇论文的逻辑"骨架"：

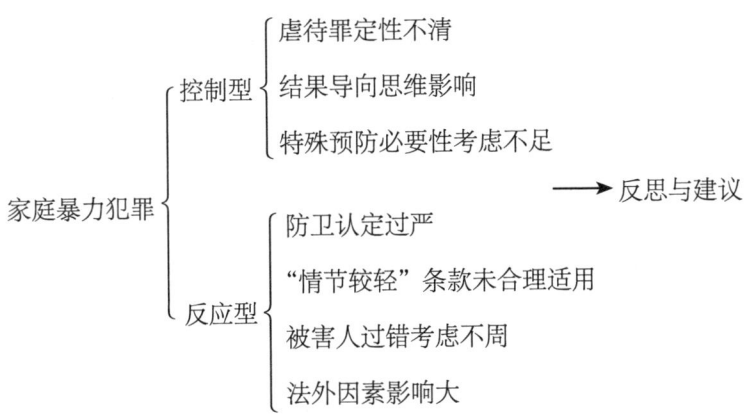

脑海中布局了这一"骨架"，再去读论文，你就不会迷失在复杂的论述和庞大的信息中了。

第二，注重每一个关键概念的定义，从定义中摸索知识逻辑。

一般来说，如果知识涉及了一些重大的专业概念，那么定义中往往会涉及许多知识主题的重要内容和逻辑矩阵，我们可以在阅读初始，先逐字逐句研读这些重要定义。

比如，下文是某课本中，对"增值税"的定义：

增值税，是对①在我国境内销售货物或者提供加工、修理修配服务，以及进口货物的单位和个人，就其②取得货物或者应税劳务销售额，以及进口货物金额③计算税款，并实行④税款抵扣制的一种⑤流转税。

从定义中，我们可知，在"增值税"这一部分的知识点，是按照①对谁征税，②对哪些销售额征税，③税款的计算方法，④税款抵扣制，⑤增值税的性质几方面展开的。

第三，在阅读过程中，对于每一段信息，重点看首位以及关联词、序数词后的信息，并以关键词句的方式在段落旁边标注。

这是一个很常见但也很管用的在阅读中进行宏观提炼的方法。关联词可以引出转折关系、假设关系、条件关系，等等，一般是把握信息的逻辑框架的重点所在，所以，我们要予以格外关注。

在初步掌握了宏观架构之后，我们便可以进入到钻研细节的环节，去埋头研究附在骨架之上的血肉发肤，甚至可以细微到每一个细胞——毕竟，此时即使钻研得再深，也不会茫然迷失。因为，有了框架结构的知识基础，就相当于在研究具体知识时有了一个经纬度坐标，时刻都知道自己学到了哪里。

这便是这套"功法"的第一步：从宏观开始，走入微观。

那么，什么是从微观再回归宏观呢？什么又是不断地重复这

第四章
实质输入：怎样把知识有效地学"进去"

一过程，让知识"迭代上升"呢？

从微观回到宏观，指的是在沉浸知识的每一个细胞之后，又要随时回到宏观视角，思考眼前这个小小的、具体的知识点和知识整体之间的关系。

为了加深知识输入的深度，我们应当不断反问自己：眼前的这个知识点，属于知识结构中的哪一部分？属于哪一个"父"知识点的"孩子"？它和其他知识点是如何勾连起来的？

我们不断地提醒、描摹和重复知识框架图和具体知识之间的关系，输入大脑的信息才会逐渐血肉丰满而不是松散地堆拢在一起。

以这种方式，我们还可以不断加深自己对于知识点之间的印象，让信息节点向上（对上级知识点）、向下（对子知识点）、向旁（对其他相关的平级知识点）构建联系。

这种联想式的输入，是最高效的输入方式，而它离不开从微观到宏观的不断投射。

完成了"宏观—微观—宏观"的一个轮回，我们相当于把这套"功法"在身体里运行了一个周期。

但是，所谓的结构化思维，是需要将"功法"在身体里反复运转，不断重复这一过程，才能达到更高的学习境界。

这里，我想向大家强调的重中之重，也是能够让学习者直接受益的，是一个很难直接意识到的秘密。

即：**一份整体信息中包含的宏观逻辑骨架，绝不会仅仅只有一套。**

不然，所谓结构化思维，也只不过是一套拆解和组装的手艺活而已。

将知识整体拆解为许多要素，有许多种拆解方法。同理，将它们组合起来，也有很多种组合方式。

毕竟，就连垃圾分类各个国家、各个城市都有着不同的方法，更别提学习时面对的庞大信息了。

这个方法，可以简单地理解为"整理出多种知识框架图"。

比如，我们既可以用上下层次、因果关系等框架对知识点进行梳理，做出一份大括号套着大括号的框架图（比如前文家庭暴力犯罪论文的结构图）。

同时，我们也可以在知识点中选取一个出现频率最高的概念，以它为核心，向外发散去和其他关键词、知识点"攀亲戚"，以联想思维做出一个网状的框架图。

以这种方式，我们对知识的了解，就不仅仅停留在某一个平面上，对整体和细节的把握了，而是构建了一个三维立体真实场景——对知识的输入，将是立体化、多维化、多角度的全面

第四章
实质输入:怎样把知识有效地学"进去"

理解。

可以说,通过这样的"迭代上升",我们从二维化的输入走向了三维立体的新境界。

Part 4
大脑真正的输入,是它对知识的输出

初高中时期,我曾被同学们视为"学霸",因此经常给其他同学讲题。

每次讲完,我都会问一问对方:"你听明白了吗?"

一般来说,对方都比较给面子,会点头说自己懂了。可是下次,对方又捧着另一道和之前那道极其相似的题目过来,仍旧和上次一样恳切和困惑。

我讲得口干舌燥,心中满是挫败感:为什么明明我感觉自己讲得非常明白了,对方却仿佛完全没听进去呢?

直到有一天,我被同一个人,就解法相同的数学题前后问了三遍,积压的挫败感和不耐烦终于爆发了——这三道题目背后的推导原理一模一样,最大的差别也只不过是在题设里改了几个数字,没理由讲了这么多次还是听不懂啊!

第四章
实质输入：怎样把知识有效地学"进去"

于是，在耐着性子讲了第三遍后，我追问道："你说你听懂了，那你现在给我讲一遍，这道题该怎么做？"

他神色一变，见我坚持，只好硬着头皮磕磕巴巴地从推导过程的第一步讲了起来。讲到难处，不禁深深地皱眉，以笔挠头。但用了五分钟，竟也大体把这道题的做法理顺了。

我们两个都大感意外，以至于面面相觑。此时，正好有另一个同学也过来问同一道题。我连忙揪住这位还在挠头的同学，让他来为对方再讲一遍。

这次，他明显流利了很多，也不再拿笔杆折磨自己的头皮了。甚至在对方提出了几个他之前接连三次卡壳的问题时，也给出了像模像样的回答。

临走之前，他神色舒畅地说："这次，我是真听懂了！"

我一直觉得这件事情很神奇，为什么同样的解题思路，由我给他讲三次，却不如他自己给别人讲上一次有效呢？

直到有一天，我听说了大名鼎鼎的"费曼学习法"，才发现这其中有道理可循。

"费曼学习法"的创造者理查德·费曼，是一名很有魅力的理论物理学专家。他在中学时就自学了爱因斯坦的相对论学说，24岁成为爱因斯坦的同事，47岁获得诺贝尔物理学奖。但更多人熟知的却是他提出的"以教为学"的"费曼学习法"。

可以说,这是一种广为人知的,甚至被誉为"最强"的学习方法。

以最通俗的话来讲,"费曼学习法"主张的是,把自己想象成一个老师,把自己所学的知识讲给一个完全不懂的"小白"听,直到对方能够理解你向他输出的信息。

如果遇到很难懂、很专业的内容,你要用对方能够理解的方式,把晦涩的专业内容讲给他听——无论是用"大白话"举例子的方法,还是用一些比喻的手法来组织语言均可。

如果你的"学生"听不懂,或者你在讲授的过程中"卡壳"了,那就意味着你还没能真正理解你所接收的知识。你就要"返工",查漏补缺,然后重复"输入—输出"这一过程,直到自己可以讲得越来越流利、越来越简单易懂,最终"专精"于这个问题。

这时,你会发现,无须埋头苦读,知识会自然而然地"输入"大脑。

简单来说,"费曼学习法"主张的是让输出来倒逼输入,认为"教"才是最好的"学"。

这也是为什么现在越来越多的课堂里,老师会将讲台让给学

第四章
实质输入：怎样把知识有效地学"进去"

生，做一些"小组讨论""小组展示"等新形式的课堂活动。

研究表明，对于学习者来说，以听课、看图像等方式被动学习，吸收知识的效率只有10%～20%。如果采取有效的讨论、实际操作、教授他人或者举一反三地应用，知识的吸收率立刻会攀升到70%左右。

这是因为，知识输出是一个由内部到外部的过程。如果想要把知识以一种外在的形式呈现出来，使得他人也能够理解，学习者势必要经过一轮消化理解之后，才能把输入的东西为己所用。

在这一过程中，通过复述、转述、回答倾听者的提问，我们也必须对新知识进行新的审视，去弥补自己的漏洞。这样一来，新输入的知识有哪些只是表面明白，而没有被真正理解和记住的，就会像白纸上的苍蝇一样显而易见。

我们甚至不必等到100%记住了知识要点再实行"费曼学习法"，可以在掌握了七八成之后，马上开始输出，并在反复的输出——纠偏补充——再输出的过程中，逐渐补完剩下的进度，再继续精研。

我的室友小张，在"学不进去"的状态下，常常会和男友打电话诉苦。他们一个是法学生，一个是工科生，对彼此的专业都是连边也沾不到的"门外汉"。但二人都是很擅长倾听的慢性子，于是便可以有效地"跨次元"交流，彼此给对方讲讲自己在专业上遇到的难题。

有时，小张在向男友倾诉的过程中，学习中一直想不通的死结会突然解开。甚至，这种深度沟通带来的反思效果，比她和同专业的同学一起进行专业讨论更加有效。

这也是为什么，在文科相关的考试中，论述题总是比选择题难做。因为在面对选择题时，你可以从题干、设问和选项中得到丰富的信息，由此想起在知识输入时曾在脑海中留下印象或深或浅的知识点。

说得难听点，选择题往往不太需要对知识进行深刻的输入，有时仅仅靠浅层印象也能够过关。

而"试论×××"这类的论述题，则完全是让你对着一张白纸，把某一制度或现象的来龙去脉和深层逻辑以自己的话讲出来。此时，你不仅需要拼命回忆相关的知识，还要重新组织语言、架构行文、选择详略侧重……若是对于知识点没有一个实质的理解，是很难拿到高分的。

可以说，论述题非常像"费曼学习法"重点考察的"以教为学"的技能，正因如此，其所需要的是更深层次、更高境界的知识输入！

第四章
实质输入：怎样把知识有效地学"进去"

所以，**如果你想要真正掌握一门知识，最好是以论述题而非选择题的方式来让自己做练习。**

最简单的操作方法，就是把参考资料合上，取一张白纸放在面前，回答一道以刚才学过的知识为背景的论述题。

你不必像真正答题那样写得密密麻麻，可以用简写和符号简单表述。如果遇到了"堵塞"和解释不清的地方，千万不要糊弄或者一笔带过，而要仔细记录下来，之后进行二次"输入"。

论述时，尽量采取最简单的叙述方式，切忌只是在文义上记住由专业术语构成的漂亮话——你要对这张白纸做的不是搬运工的工作，而是一名教师的工作。

从初中讲题讲到高中的我，有了"多年"经验，已经从当时那个三遍都讲不会的糟糕老师，进化成了可以在同学就题目某个部分提出疑问之前，率先洞察到"你是不是这一步不明白"的预判者。

惊人的是，我在掌握了这种技能后，在自己做题时，仿佛开了"上帝视角"，好像自己成了出题人，可以从题干中直接预判做题者可能遇到的难点，并发现出题人挖下的"陷阱"。

这些收获，都是看似浪费时间的"深度输出"带给我的。

这一章讲到这里，也许有的读者已经发现了高效能学习的核心要义。

那便是"理解"二字。

实际上，无论是带着"问题意识"阅读，还是用宏观—微观—宏观的方式立体化地构建框架输入知识，或者是"费曼学习法"的输出引导输入，我们强调的都是"理解"二字。

唯有以理解为目标（为标准）输入知识，才能够把知识有效地学"进去"。

实际上，在第五章和第六章，对如何加工知识、自我巩固知识，也都是围绕着"理解"这一核心来展开的。

甚至可以说，这本书写作的初衷，**就是想让广大学习者在学习如何"理解"知识外，能够更好地理解学习目标，理解自身的能力、弱点和心态，理解学习这门艺术的原理。**

所以，在接下来的阅读中，也请时常想想"理解"二字，并向这一宏观概念不断回归。

第五章

知识处理：
所谓学以致用，
就是对信息的精加工

　　凌晨三点前，我算了出来。我似乎通过原子表象看到了一个奇异美妙的内在世界，一个纯数学结构的世界。我激动得无法入睡，一个人跑到岛的南端。那儿有一块我一直想登攀上去的延伸入大海的巨型礁石，在黎明的曦光中，我登上崖顶，俯瞰着大海。

——迈克尔·弗莱恩《哥本哈根》

Part 1
理解重组：从"我明白了"到"换句话说"

2007年，著名投资家沃伦·巴菲特的"黄金搭档"查理·芒格为刚毕业的大学生做过一次演讲，在演讲中，他讲了一个有趣的虚构故事。

故事的主角是一位伟大的科学家——马克思·普朗克，另一位则是普朗克的司机。深受国民爱戴的普朗克，应邀到全国各地巡回演讲，介绍他的研究成果。每次演讲，司机都坐在观众席倾听。

由于每次演讲的内容都大同小异，司机在一次次重复中记住了普朗克讲座的内容。于是，在某次演讲开始前，司机提出了一个有趣的提议："马克思，这次能让我来讲吗？我听了太多次，已经记下来了。"

普朗克同意了这个提议。由于人们并不熟悉普朗克的长相，

第五章
知识处理：所谓学以致用，就是对信息的精加工

换上了学者打扮的司机非常顺利地走上了讲台，而普朗克则戴着司机的帽子坐在了观众席的前排。

演讲非常顺利，但在演讲的最后，在场有一位观众起身就研究内容提出了一个很难的问题。司机沉默片刻，回答道："真没想到，你居然会提出这么简单的问题，这种问题交给我的司机来回答就行了。"

这个故事曾有过很多解读。有人赞赏普朗克的大度，有人则欣赏司机随机应变的能力。但通过这个故事，我想让大家思考一个这样的问题：故事中的司机是否真正掌握了普朗克教授讲授的知识？

这就需要讨论两种知识：普朗克所掌握的深层知识，司机所掌握的浅层知识。

前者，是基于对知识的真正理解，并能学以致用，然后在此基础上发展出千变万化的延展与应用的知识。而后者，则是一种鹦鹉学舌的输入与输出。

司机所掌握的知识并非全然无用——至少，对专业领域进行浅层的学习总比全然无知要好，这些浅层知识可以让人初步了解某个领域，也初步具备和一些专家交流的基础。这就像处理专利诉讼的知识产权律师，他们一般也需要具备某些工科的相关背

景。这样,即使不能完全理解某个专利的原理,也可以通过一些粗浅的了解,将某些专业的内容外包给专家去做——就像故事中灵机一动的司机。

如果一味沉迷于浅层知识,可能会欺骗自己,让我们误以为已经了解了自己实际上不了解的知识。自欺欺人的害处很大,但在学习这方面,自己又恰好是最容易被自己欺骗的对象。

特别是在知识"输入"大脑后,我们很容易产生一种满足感——既然我已经记得滚瓜烂熟,那么便说明我已经彻底掌握了这些知识。

但是,一旦面临实际的问题和应用,这层光鲜亮丽的"司机知识"的皮相,就会被毫不留情地戳破。

因为在实际应用中,包括在稍有难度的考试中,考察的并不只是知识的复述能力,而是对知识的理解和举一反三的能力。

相信许多人都在网上被"马冬梅"的段子逗乐过。在复习时抓耳挠腮地咆哮着:"马东什么?什么冬梅?马什么梅?"等到终于记住了"马冬梅"三个字赴考后,却发现考的是"孙红雷"。

然而,我们遭遇这种窘境,是因为考试超纲、题目刁钻吗?

非也。很可能,考试要考察的,是让我们掌握和理解三个字

第五章
知识处理：所谓学以致用，就是对信息的精加工

的名字，最后一个字的韵母为"ei"这一知识，而不是背诵"马冬梅"三个字。可是，不明就里的学习者，却在草草记住了浅层知识后，就自以为已经完成了学习任务。其实他们只是拥有了伪装成深层知识的"司机知识"罢了。

这种深层知识，只有通过逻辑性、批判性的思考，对输入大脑的知识进行深度加工，才能获取到。

以输出倒逼输入的费曼技巧，即以简单易懂的方式解释知识——发现自己不会的地方——回头查看资料来源以弥补漏洞，直到自己可以用简单易懂的语言描述它，并不断重复。

实际上，在这一步，我们就已经开始对知识进行深度加工了。因为在以输出倒逼输入的过程中，我们需要把复杂的资讯换成简单易懂的"一眼"，以自己的方式，在理解的基础上重述。而这种将繁化简，把话"重说"的能力，就是知识深度加工的能力。

在这一章，紧衔着费曼技巧，我们继续探索大脑对知识深度加工的高效能策略。

如何深度加工知识？如何对知识的真正理解学以致用，并发展出千变万化的延展与应用的知识？

答案的第一步，是我们谈过很多次的"理解"。

而"理解"的核心，即我们对知识进行"重组"的能力。

什么是理解重组呢?

直白地讲,就是学到知识后,能够从单纯的"我明白了""我听懂了"的被动理解,变成"换句话说""举个例子"这样的知识反刍后的吸收。

知识如果只是直接输入大脑,我们作为一个被动的理解者,从知识的原义上进行思考,这样的思考只是浅层的、被动的。而我们需要的,是主动对进入大脑的知识进行再加工,为它们覆盖上自己思维的底色。

我时常不由自主地利用这样的方法帮助自己深度理解新的知识。

比如,在社科理论中,如何理解罗尔斯在《正义论》中提出的"无知之幕"这一概念呢?

"无知之幕"的定义是一种思想实验:设想在"原初状态"下的一方,人们对自己所拥有的技能、品位和地位一概不知。在此状况下,人们会通过一定的原则将权力、地位和社会资源分配给其他人。

举一个例子:寺庙里小和尚分粥,为了避免分配不公,规定负责掌勺分粥的人最后一个拿粥。这样,在分粥的人对自己会吃到哪一碗一无所知的情况下,就会尽可能将每一碗粥分得均

第五章

知识处理：所谓学以致用，就是对信息的精加工

匀——这样，即使自己是最后选粥的"倒霉鬼"，也能和所有人得到一样公平的结果。

这个例子，就生动地解释了"无知之幕"的内核——在设计社会制度时，一个人一旦处于"无知之幕"之后，对于自己是否聪明、富有或者出身一无所知，那么，这种"无知"就会驱使人从社会最不幸者的角度考虑问题并设计社会制度。

再比如，在反垄断法的领域中，存在着一种叫作"轴辐协议"的垄断协议，它显著的特点是位于上游的生产商与位于下游的多个经销商之间会分别签订核心条款非常相似的纵向协议，导致下游多个经销商之间事实上的市场行为具有一致性，达成一种实际上的"横向合谋"。

"轴辐协议"这个名词，本身就是对这个概念的一种"换句话说"的解释——这就好像是车轮和车轴之间，由辐条所连接的关系。上游的生产商是"车轴"，而作为轴心的经营者，则向许多分销商伸出相同长度的"辐条"，即核心条款相同的协议，从而让下游经营者们在市场上的行为保持一致，"垄断"的车轮便滚滚而行起来。

再举个例子，为了让小学生们心甘情愿地花更多的钱购买小零食，小零食的批发商和A、B、C、D四个小卖店店主达成了协

议，每个小零食的价格都提升了五毛钱。这样，无论是去 A、B、C、D 哪一家，小学生们都无法以便宜的价格购买到零食，无法货比三家，只能乖乖掏更多的钱——这实际就是四家小卖店之间的"垄断协议"。

这种举例子的方法不可思议的简单，但是却能够让你在大脑中飞速地把知识进行又一次加工。而你对同一个知识点举出的例子越多，就说明你"举一反三"的应用能力越强。

如果你不想当一个浮皮潦草的"知识司机"，那么就请尝试着用这种方法锻炼自己，从"我明白了"走向"换句话说"。

学习效能的质变飞跃，也就在这一瞬间。

第五章
知识处理：所谓学以致用，就是对信息的精加工

Part 2
简化凝练：所有的道理，都能用一句话概括

在大学里，我经历过许多次考试。其中令我印象最深刻的一道题，来自《世界贸易组织法》，也就是俗称的《WTO法》的期末考试。

考试当天，我洋洋洒洒地写到最后，却发现最后一题只有简单的一行字："请你用一句话，概括《世界贸易组织法》这门课程最核心的内容。"

我盯着卷子，第一反应是：这怎么可能！要知道，世界贸易组织法所涉及的内容复杂且广泛，不仅有着诸多的协议和规则，更有着形形色色的争端解决案例。它们既涉及贸易壁垒，又涉及关税问题；既关乎进口许可制度，又关乎反倾销、反补贴，甚至是知识产权。

就算是看其基本原则，也有最惠国待遇原则、国民待遇原则、

高效学习法
名校学霸教你把学习变得轻而易举

透明度原则、自由贸易原则、公平贸易原则种种,根本不可能用一句话说完。

我的脑海里飞过复习时背过的无数知识点,却无法为这样一道只需要写下一句话的题目,找到明确的答案。

冥思苦想良久,眼看着交卷时间就要到了。电光石火之间,我突然想起了在这学期的第一堂课上,老师郑重其事地在黑板上写下的一句话:贸易是有利的。

一瞬间,仿佛所有的基本原则,所有相关法律制定的最初动机,都与这句话产生了深层联系:贸易是良性的,可以增加所有人的福祉,因此,即使在过程中有着种种困难,国家之间还是会努力促进和维护贸易关系,这也是世界贸易组织法制定的初衷。之前提到的种种基本原则,之所以会得到确立,归根结底也是为了鼓励贸易顺利进行。

虽然我有些不敢相信答案会如此简单,还是将"贸易是有利的"这六个字写到了卷子上。事实证明,我猜对了。这场期末考试,我得到了大学考试中最高的分数。

自此,我仿佛尝到了甜头,在日后的学习过程中,总忍不住要想一想:如果非得要让我用一句话来概括整个知识体系的内容,我会精炼为哪一句呢?

第五章
知识处理：所谓学以致用，就是对信息的精加工

这种思维方式，让我在不知不觉中获益良多。在学习国际法知识的时候，我精炼出的"一句话"是"条约必须遵守"：正是因为在国际舞台上，各个国家彼此交往，所以才需要有契约精神，说话要算数，这是在国际层面制定法律的基石和源头；在学习会计学原理中的借贷记账法的时候，"一句话"便是老师口中念叨的"有借必有贷，借贷必相等"，可以说，再复杂的账，如果借贷算不平，那也是错误的。

寻找这样一句话的过程是既辛苦又非常有趣的。因为它其实总结出了一整块知识中最基本的原则、原理、命题或者假设。这样的原则、原理、命题或者假设，既不能省略，也不能删除，更不能违反。

而正是有了这样"一句话"，整个知识体系才能够运行起来，向四处发散出无数旁支知识和子知识，最终形成一个知识领域。它仿佛是一艘船的龙骨，如果被抽掉了，这艘船便会四散开来成为一堆木板，船体也就不复存在了。

所有的道理，都可以用一句话概括——这并不是一种奇思妙想，而是对知识深度理解、精简化加工、抽象提炼到极致的思维锻炼。

我们时常说，学习知识要学会抛开现象看本质，抛开形式看

高效学习法
名校学霸教你把学习变得轻而易举

实质。试图用一句话来概括一门知识,其实就是逼迫你压缩所有的现象、形式、例子、解释,剥离出最本质的规律。

可以说,从具体现象中抽象出背后的规律,再把这些规律应用到现实生活,来分析、解释和指导眼前的现象,是所有人在社会生活中都应必备的一项技能。而在高效能学习中,它的重要性更是不言而喻。

这种用一句话来概括一个知识集群的方法,早就有专业人士提出并为其进行过背书。它被称为"第一性原理",最早的提出者,是古希腊哲学家亚里士多德。

亚里士多德认为,**在每一个系统里面都存在着"第一性原理",即最基本的命题和假设。"每个系统中存在一个最基本的命题,它不能被违背或删除。"**

这样的"第一性原理"或者"第一性命题",最早是一种哲学或者科学概念。比如,泰勒斯认为水是万物的本源,儒家讲究"修身、齐家、治国、平天下",爱因斯坦主张光速恒定或相对论……

而真正让"第一性原理"在学习乃至在商业领域变得热门起来的,是被称为现实版"硅谷钢铁侠"的埃隆·马斯克。

这个名字也许我们不太熟悉,但是即使你不知道他所创建的

第五章
知识处理：所谓学以致用，就是对信息的精加工

国际电子支付工具PayPal（贝宝），也一定会对他创办的美国太空探索技术公司Space X有印象。

2018年年初，有一个非常浪漫的科技新闻：Space X将一辆特斯拉跑车通过火箭送入了太空飞行的轨道。一位假人宇航员坐在驾驶位上，车里播放着大卫·鲍伊的经典歌曲《太空怪人》，而这辆跑车最终将飞向火星。

将这一奇思妙想变成现实的正是埃隆·马斯克。在一次演讲时，主持人问他为什么能够在不同领域中不断取得创新，他给出了"第一性原理"的回答。

他的创业成功，在于寻找到某一事物最基础的原则，并回归到最基本的概念，再在这个起点上寻找新的突破点。由于他是从最本质的规律出发，因此能够不被传统的现象或现有的形式所拘束，进行颠覆性创新。

譬如，马斯克创造出"脑机融合"这一项目，颠覆了鼠标键盘操作电脑的传统认知，正是因为他挖掘到人们使用键盘、鼠标的本质是"向电脑输入指令和信息"。

在这里，"向电脑输入指令和信息"就是"第一性原理"，是能够概括所有知识集群的原则——如果人的大脑可以和电脑直接进行交互，其实也不必拘泥于键盘、鼠标的本质，因为"第一性

原理"并没有被忽略或者违反。

"第一性原理"也可以被看作一种演绎性思维逻辑下的学习方法。

演绎逻辑中,我们最为熟知的是大名鼎鼎的"三段论":先得出大前提,再应用到小前提,从而得出结论。

比如,当我们知道"电流是由电子向一定方向运动形成"的大前提(第一性原理),再加上"金属中的自由电子能够在电场作用下定向运动"这一小前提,就能够得出结论:金属可以导电。

"第一性原理"要求我们在对知识的加工过程中,去探索大前提的存在。唯有掌握了最基础的大前提,才能够用最少的时间和精力,来应对众多的小前提的子知识。

况且,这种抽象化的思维方式,本身就有助于我们充分理解和加工知识。因为只有在充分了解知识的情况下,我们才能对知识进行整体的思考,从而抽离出最为核心的链条线索。

当然,"一口吃成胖子"是不可能的。我比较推荐的做法,是每学习知识集群中的一个单元,就暂停一下,尝试着用一句话来概括这个单元的核心原则。

这样,在学习了所有的单元之后,就能够得到以数个核心原

第五章
知识处理：所谓学以致用，就是对信息的精加工

则为内容的精简版知识。在这之上，我们可以再去思索有没有什么共通逻辑，可以把所有的核心原则贯穿起来。

其实，当你真正深度加工知识后，会发现知识之间也是有着"高低贵贱"之别的。而"一句话"，则是比较高级的知识。

我倾向于把知识分为三类。第一类是底层散碎的知识，比如学习中遇到的一个个非常具体的知识点。拿刑法举例，"犯了故意杀人罪要如何判刑"是第一类知识。

第二类是已经被我们组成结构、总结出一定规律的知识，比如我们画出的知识框架，或者总结出的一些已经经过部分抽象化的基本规律。譬如，刑法中的"三阶层"，按照"构成要件符合性"——"违法性"——"有责性"的逻辑，来循序渐进地推理，分析某种具体情形是否能够构成犯罪。

第三类知识，则是学科背后最深层的规律。它是对知识进行反复咀嚼加工后，才能够隐隐探索到的"终极奥义"。还是拿刑法举例，经过长期学习，我们深入到了刑法最基础的问题：刑法的作用，到底是报复坏人的惩罚性？还是修复受损的社会、解决犯罪问题的恢复性？能够思考到这一层面，才算是对知识进行了最为深度的加工。

当然，我们不可能从第一类知识直接一蹴而就到第三类知

识的境界。但是经过大量的训练,这种境界的跃升是可以达到的。

只有学会了这种简化凝练的方法,才能够让深度加工后的知识牢牢地印在你的大脑里,让你的学习更高效,思维层次更高。

第五章
知识处理：所谓学以致用，就是对信息的精加工

Part 3
归纳再利用：组块化储存，模型式归档

最近有一档律政类职场真人秀节目很火，节目组邀请了八名有志于从事律师工作的法学院学生，让他们进入律师事务所当同期实习生，在实践中学习律师专业技能知识。

在第一期节目中，有这样一个片段吸引了观众的注意：当律师给了实习生研究任务后，一位女实习生主动向顶头律师询问了任务的格式要求，并顺利要到了律所的行文规范模板，并将其主动分享给了其他七位实习生。这样就能够让律师在之后的审阅中，减少不必要的格式调整问题，也能够给起草文件一个更清晰明了的思路。

实际上，这类"行文规范模板"在律师事务所中是非常常见的，除此之外，律师事务所一般还会有专属的"智库"，用以储存可以在日后参考的法律研究和文书素材。这样，在遇到客户的

咨询时，就可以快速地从文件中找到所需资料，大大节省时间。

这种"模板"似乎被许多学习者当成了学习的"特效药"，在许多学习方法分享中随处可以见到。考试有答题模板，考语言有写作、口语模板，甚至做PPT（电子演示文稿）也有PPT模板……似乎只要是涉及输出的，都会把"模板"拉过来作为最直观、最有效的"干货"。

这类模板我看过、用过，也研究过。它们大抵都是类似的：一个挖空了几处关键词的段落、一个可以套用到多种情况下的例子、一个或详细或复杂的思维导图……在大多数情况下，这些模板有着应用的界限，它们只能应付一些普通、常见和标准的简单情形，遇到复杂或者变形的具体问题，就有些施展不开手脚了。

"套模板"三个字，并不是知识输出的万能法宝。模板可以有效减轻一些重新搜集资源的压力，或者起到简单的规范或者规律化作用，但它们并不是被真正深度加工后可以为我们所灵活利用的知识本身。

我并不是否认模板的作用——我们当然可以整理模板，以便在时间有限的情况下，对紧急的学习任务给出一个及时的反馈。这些模板就像我们在头脑中建立的图书馆或者数据库，把信息分

第五章
知识处理：所谓学以致用，就是对信息的精加工

门别类地储存起来。

但是，这种模板化、类型化的思维方法，并非高效能学习中结构化思维的本质，只是照葫芦画瓢。

我们通常会误以为，头脑获取知识和往电脑硬盘储存文件是一样的。电脑在储存信息的时候，我们会建立许多文件夹，也许文件夹下还会有子文件夹，然后把不同的知识放进所属的文件夹中。如同整理归纳时，把东西一个个地放到盒子里，再把小盒子放进大盒子之中。而在答题、考试、应用输出知识的环节，我们再按照文件夹的名字一个个打开，寻找自己需要的知识。

正因为有着这样的误解，我们才会如此热衷将信息严丝合缝地放进某些"盒子"或者"文件夹"里，自成一个体系或套路的"模板"或者"类型"——这样多简单呀！只要遇到需要动用知识的环节，我们就可以直接找到相对应的"盒子"，打开以后就是一套完美的处理方法。

但可惜的是，**知识运用的情况是复杂多变的，就算你在大脑里储存成千上万的单独的文件夹来收集应对策略，也无法涵盖所有的情形。**你总会遇到这样的情况：在调动知识解答问题的时候，发现所有的模板都不能完全适用。

于是，你只能找到一个看上去最相似的模板，勉强套上

去——看上去就像是给一个人穿上了不合体的衣服。聪明一些的学习者，可能会综合几类模板，拆拆补补地加以运用，可这样一来，模板间总会有着逻辑上的冲突，无法流畅而自成一体地回答问题。

之所以出现这样的情况，是因为我们没有用正确的知识加工方法来处理输入大脑的知识。仅仅是简单粗暴地把知识整理为一个个孤立的"文件夹"是不对的，因为人的大脑毕竟不是电脑，或者整理屋子归纳物品——人的大脑是一个网络状的、动态的系统。

对于我们的头脑来说，真正有效的加工知识是把知识融入整体的系统中去。

什么是整体性、网络状的学习？我将在接下来的第四部分详细展开。

但在这一节，我想先回答，如果"模板化"或者"类型化"的方式是低效能的知识加工，那么什么才是高效能的加工呢？

答案很简单：从"模板"和"类型"中各取一个字，变成"模型"。

对知识进行"模型化"的加工，才是高效能的加工。

"模型"和"模板"或"类型"的区别是什么呢？

第五章
知识处理：所谓学以致用，就是对信息的精加工

我们小时候都玩过模型，会发现它们有一个共通的特点，那就是模型是会动的。

模型，由许多零件组成，每个部分各司其职。最重要的是，模型可以被拆分、重装、滑动。零件之间可以彼此助力，安装好后可以流畅地互相牵动，成为一个融合的新整体。

模板是僵化的，模型是灵活的。正是这样的特点，让"知识模型"成为比"知识模板"更为灵活的存在，它能够适用千变万化的知识应用需求。

也有人把这样的思维模式称为"编码"或者"组块"，认为为了把信息储存在长期的记忆里，必须把信息进行编码以备日后提取。而在这一过程中，有一种加工知识的方法——把零散的信息集合成一个协调的整体，即"组块"，以备存储与应用。

这样的"组块"，其实就相当于我提到的"模型"中的零部件。在著名的"学习圣经"——《学习之道》里也谈到了组块化思维的妙处："一旦你着手解决某个数学、科学问题，就会发现你完成的每个步骤，都会指引你下一步的行动。"

模型化思维中的"组块"，最重要的特点是它不是孤立的，而是能够承上启下，作为零部件安装在整体的机器之中，可以"指引下一步行动"。

《学习之道》里还描述了成功构建"组块"后，在解题时会感受到一种内化吸收了的直觉："当你看一眼就能看出某题的解法，即对题目有了真正的了解，说明你已经成功构建出一个命令组块，它的命令就如一首歌在你的脑中横扫而过。"

这就好像我们清楚地明白，在模型中，厚而重的是作为底层支撑的"基座"，可以灵活转动的"连接轴"是为了给模型的某个部分以活动性或者负责转向，而尖尖的勾爪状的部分则负责抓取……

如果借用游戏来比喻，就是我们知道某个技能会出现什么效果，配合其他的技能能够有怎样的叠加作用，基础的攻击操作有多久的"冷却时间"……如此巧妙搭配起来，才能够在复杂的战况面前打出一套漂亮的组合拳。

这也解释了为什么有的人攒了满满一本错题，却无法真正从中吸收到经验教训。这些低效的整理把每一道错题看作一个孤立的"类型"或者"模板"，只把眼光局限在这道题的内部，而没有试图去把它解剖重组，并拆解为可以在任何情况下灵活使用的"零部件"。

对低效能的学习者而言，错题本不过是把错题"搬家"到一个本子上罢了。再遇到稍做变化的题目，他们总会因为"这道题

第五章
知识处理：所谓学以致用，就是对信息的精加工

和我整理过的错题不一样"而又不会做了。

在高中时，我自诩为解析几何的解题能手，也曾整理了一本"错题"。但我的错题从来都不是彼此呆板地隔绝在一页页上的，我会用各色马克笔将解题过程中的相似步骤标注出来，观察它们在解题过程中所起到的作用。

最终，我的错题本成了一个花花绿绿的本子，每道错题都是由几种色块组合起来的。而我对于错题的理解，也自然会从每道孤立的"模板"变成对这些小色块的理解。而这样，纵使解析几何题目千变万化，任他椭圆、抛物线到双曲线与直线如何相交，任其需要我去找到哪一点的坐标，我都能立刻调动起这些花花绿绿的色块，重新拼接成一整套的解题逻辑。

到最后，即使题目再刁钻，我也不会回答不上来：因为我所需要的每一个步骤，都在我的脑中时刻备着。每调动一个命令组块后，又自然会指引到下一个所需要的命令组块。

实际上，一个好的思维流程图也可以起到"知识模型"的作用。但切记，**不要认为思维流程图是僵化死板的——它应该是一个可以时时变动、循环、各部分彼此相互交流的生态系统，而不是一个枯燥无味的指南。**

那么，该如何锻炼自己的"模块化思维"？需要通过反复的、

刻意的练习。我们可以在纸上专心解答一个重难点题目，保证每一个步骤都彼此衔接。题目做出来后，再重新去观察其中的关键步骤，思索每一步实际起到的作用。对每一个题目都如此去做，以训练大脑对于"零部件"的快速反应，并时刻思索组块之间的关系——A承接了B，C限制了A，D是为了给A在之后的应用扫除可能的障碍……

　　长此以往，经过反复锻炼，你就能构建出属于自己的具有能动性的"组块"，在遇到千奇百怪的具体应用时，能迅速地用"零部件"量体裁衣地搭建出好用的"模型"。

第五章
知识处理：所谓学以致用，就是对信息的精加工

Part 4
创造联系：
孤立存在的知识 VS 编织成网的知识

在讨论过"模型化"思维后，我们自然而然地考虑到一个问题。既然人的大脑不是电脑储存文件，或者整理屋子归纳物品，而是一个动态的网状系统，那么，怎样是把知识融入一个整体的系统中去呢？

这与上一节提到的"组块"或者"零部件"性质的展开也有关系——为什么"零部件"是灵活而动态化的呢？

记得在第四章第三节谈到知识输入时，从宏观到微观再到宏观的迭代上升吗？在该部分，我们提到为了加强知识输入的深度，应当不断反问自己：眼前的这个知识点，属于知识结构中的哪一部分？属于哪一个"父"知识点？它和其他知识点是如何勾连起来的？

通过不断地提醒、描摹和重复知识框架图和具体知识之间的关系，让输入大脑的信息逐渐变得血肉丰满，而非松散的简单堆积。

通过联想式的输入，我们让知识节点向上下左右构建联系。通过反复思索不同的宏观逻辑骨架，做立体化、多维化、多个角度的全面理解，我们又从对知识简单的拆解和组装，升级为真正有效的结构化思维。

其实，早在这一部分之前，我们就涉及了深度加工知识的本质，即知识间的联系。

诺贝尔奖得主、神经系统科学家埃里克·坎德尔曾在其著作《寻找记忆的痕迹》中写道："要想得到长久的记忆，大脑在处理接收到的信息时必须足够透彻且深入，这就要求大脑在处理信息时集中精力，并且要将这一信息有意图且系统性地与记忆中已有的知识联系起来。"

所有我们学到的新知识，都不是孤立存在于我们已有的知识系统之外的。打一个比方，我们的大脑其实是一个"盘丝洞"，里面是遮天盖地的蜘蛛网。每新得到一些知识，就相当于又添了一根蛛丝。而这些蛛丝，彼此之间绝对不是一根根分开的，而是彼此紧密黏合的。可以说，如果你在头脑的"盘丝洞"中放入一

第五章
知识处理：所谓学以致用，就是对信息的精加工

只蜘蛛让它去爬，它可以从一条蛛丝出发，爬到任何一条蛛丝上去。

如果我们不以一个结构化的方法，去编织头脑中的网络，不去构建一个各个部分之间彼此联系和互动的知识体系框架，那么你所输入大脑的信息不过是一个个漂在脑海中的孤岛。不去将知识编织成网，你只能在孤岛间跳来跳去，而做不到掌握航标，在学以致用时快速定位到所需要的信息上。

可以说，只要你不是一个襁褓中的婴儿，那么在处理、加工新知识时，从来都没有什么"从零开始学习"。因为，你实际是借助对已有知识的理解，把新知识和大脑中已有的知识串联起来。而这些连接线越多、越密、越牢固，知识就能越来越牢地固定在我们的大脑之中。

正因如此，上一节所谈到的"组块"或"零部件"是灵活的，因为它们可以通过这些连接线，彼此组装在一起。

孤立存在的知识，是无论如何都串连不起编织成网的知识的。

我们时常在学会了一个知识点之后沾沾自喜，自以为我们懂了。但实际上，我们所学到的只是皮毛，而在这些知识点的表面之下，其实还存在着大量的盲点——我们自以为对某件事物有了充分的认识，实际上还有许多不知道的东西。而只有我们在运用

这个知识点去做事的时候，才会猛然发现"怎么行不通？"也正因为有了这样的契机，才会让盲点暴露在我们的面前，可等到那个时候，常常为时已晚。

这是因为我们在加工知识的时候把它们留在了一个个"孤岛"上，而忘记了去构建它和其他知识之间的连接线！

在我初次接触法律实证研究的时候，曾经试图去分析种种因素对法官在某类刑事案件判决中的影响。我当时以为，只要掌握了数据处理软件的应用方法，照着《法律实证研究》这本书上的例子，将所收集到的案件中的数据填进去就完美了。

但在实际应用中，出现了种种令人困扰的情况。首先，我发现刑事案件的判决并不是一个简单用"判了几年刑"就能一以概之的数字游戏。实际上，法官是需要先考虑是否适用从轻条款，再在条款内部去选择刑量，这会导致我在算法设计上产生很大的变动；其次，我天真地以为，可以将这一研究的范围，限制在刑事案件的范围之内，可实际上还存在众多社会因素，比如居委会的调解等都可能参与到其中，导致我不能在解释数据结果时自圆其说。

此外，我还没有考虑到所研究的此类刑事案件和类似背景下民事纠纷之间的联系……

第五章

知识处理：所谓学以致用，就是对信息的精加工

总之，我在研究的过程中，可谓处处碰壁。我只能狠狠地停下了工作，先仔细把研究中可能横向触碰到的所有问题思考一遍，才最终设计出了一个行之有效的研究方法。

可想而知，在一座小小的孤岛上彻底完成对于某一问题的研究，而毫不涉及其他的知识，是狂妄自大且几乎不可能的。当"连根拔起"某个知识后，你会发现它的根系错综复杂，连接在一起。所以，你又怎么可能比得过对于整片知识生态胸有成竹，且能触类旁通、信手拈来地活用其他知识辅助工具的学习者呢？

其实，这种整体化的网络编织思维，在斯科特·扬的《如何高效学习》中有过非常详细的陈述。

斯科特·扬是一个"极速学习者"——他所花的学习时间很少，却取得了很好的成果，在一年内通过网课的形式完成了麻省理工学院的33门计算机课程。

在《如何高效学习》一书中，他强调了一种称为"整体学习法"的方法。斯科特认为，学习的本质是以一种事物认知另一种事物。并提出了三个新奇的概念，应用于获取信息、理解信息、扩展信息、纠偏和应用信息之中，它们分别是"结构"（Construct）"模型"（Models）与"高速公路"（Highway）。

这三个概念，其实和我谈到的大脑中的"盘丝洞"异曲同工。

只不过，斯科特·扬非常精细地解读了这种知识编织网。

斯科特解释道，"结构"相当于整理后的一个秩序井然的知识结构，就像一个规划好的城市，我们一想到某个具体知识点，就能够反应它处于城市布局中的哪一部分。而"模型"（这里的"模型"与之前谈到的零部件组块构成的模型并不是同一概念）则是"结构"简化后形成的索引，就像一本书的目录，或者一座城市的缩小化模型，或者是一个充满想象力的导图，可以依托这个模型来进行扩展记忆。

其实，通过"结构"和"模型"，我们就已经能看出，斯科特所主张的也是从宏观和微观相结合的角度去整理、输入和加工知识。但是，更重要的是，斯科特提出的第三个概念：高速公路。

"高速公路"其实是不同知识"结构"之间相互连接的线，就仿佛从一个城市去往另一个城市的高速公路。我们既可以把同类知识链接起来，也可以从已知链接到未知，逐渐形成一个四通八达的广袤疆域。

这种"高速公路"甚至可以打破学科之间的壁垒。这需要调用我们的想象力。比如，我们可以在学习历史时，尝试把历史事件与该时代背景下的艺术风格联系起来，更好地加深对历史、艺

第五章
知识处理：所谓学以致用，就是对信息的精加工

术两个学科的理解；可以在听音乐时，想象每首歌曲可以按照其节奏的激昂变化，作为哪首诗歌的配乐……

这种打破学科壁垒的"跨学科"学者不在少数，他们都展现出了极富魅力的创造性思维。众所周知的有把"跨学科思维"贯穿一生的列奥纳多·达·芬奇，他一方面热衷于研究如何用线条与立体造型来表现形体，另一方面深入研究生物学、光学、数学、地质学，来更好地进行艺术创作。另外，哲学家本雅明也在极负盛名的著作《巴黎，十九世纪的首都》中展现了迷人的思维模式——他从巴黎的拱廊这一革命性的建筑形式入手，从建筑学的"刁钻"角度，打破学科壁垒，联通到社会文化领域，去探讨巴黎的现代性、商业和手工业、诗人与文学……

此外，特别是当你接触一门崭新的学科时，因为新的概念感到无法理解的时候，寻找之前学过的学科，通过"高速公路"来构建联系，以帮助自己进行理解，这是一种行之有效的办法。

可以说，如果没有这种发散性的、网状的思维，人们也无法从海豚流线的体型得出汽车设计的灵感，也无法发现电与磁的关系——有多少创新由此而来！

那么，如何才能构建这样一个系统化的"盘丝洞"呢？如何训练自己去使用网络编织法，为知识之间寻找联系呢？

高效学习法
名校学霸教你把学习变得轻而易举

首先,我们需要积极调动自己的联想能力,在学习知识时,时刻将新学到的概念去联想自己的已有知识。一旦在遇到某个新概念、新知识点的时候,产生一种"似曾相识"的感觉,最好是当机立断返回去寻找这种"即视感"的出处——一个使用整体性网络编织方法的学习者,在处理各类知识的时候,是会时刻翻阅自己手头已有资料的。

其次,我们要着重去建构重点概念之间的联系。因为我们的大脑,为了更好地储存和加工信息,会以某些关键的信息作为"固定点",就像船锚一样,用来联结其他次要信息和新信息,防止它们从记忆中消退,最终使信息在长期记忆中得到保存。

通过将人脑类比为计算机的信息加工系统,信息加工理论把这些关键的节点称为"锚点"。这些"锚点"可以在计算机的各个文件中设置标记,通过访问"锚点",能够快速地将访问者带到各个指定位置。

在我们的知识加工过程中,应当把一些核心概念、重要原理当作"锚点"。它们就像星空图中的北斗七星,比较容易识别;也像是蜘蛛网中比较厚实的部分,能够牵住更多边缘部位的知识。

第三,努力发挥想象力,对于自己不理解的内容,敢于去猜测、类比和想象,无须紧绷着神经,生怕弄错。

第五章
知识处理：所谓学以致用，就是对信息的精加工

第四，在文科的学习中，可以通过结对子阅读的方法，来帮助自己深入加工知识。比如，在哲学的学习中，如果读不懂A派别的理论，可以从A派别的反对方B派别入手，两两对照着读，借助对B的理解，来完善自己对A的认识。

构建联系的方式有很多种，编织网络绝不仅仅是寻找"相似"或者"相关"，"相反"或"相冲突"也是一条很好的连接线。

在高校中，人们常说，三流的老师教PPT，二流的老师教知识结构，一流的老师则教体系、思维方式。

我在这里也想说，**在高效能学习中，三流的学习者学知识点，二流的学习者学知识模块，一流的学习者学系统网络**。我们必须在自己的知识点、知识模块之间创造联系，才不至于被困在知识的孤岛上，被隐形的墙壁所囚禁。

搭建组块、构建模型、整体性学习、结构化思维、网络状联系……无论是怎样的名字，最终指向的都是一个经过我们的大脑深度加工后，融会贯通、触类旁通的知识体系。

也只有这样一个体系，才能够让知识从输入走向应用，走向我们的学习目标。

第六章

自我省察：
每天反思一点点，
积蓄你的进阶势能

人是不容易被发现的，尤其是难以被自己发现。

——尼采《查拉斯图拉如是说》

Part 1
高效能学习者，人手必备一本"脑洞记录书"

我们花费了大量精力来了解如何高效能地输入知识和加工知识，以便最终加以运用。由于它们涉及学习最核心的过程，可谓本书的重中之重。

而从这一章内容开始，我们可以稍微轻松一些，探讨学习中的一些"细枝末节"。

虽然称之为"细枝末节"，但它们对学习起到的作用不容小觑。它们便是我们要谈到的自我省察的"学习习惯"，以及在第七章将谈到的保持专注的"学习状态"。

"学习习惯"这个词就像"学习计划"一样，如今已经被滥用了。在老师、家长、前辈的口中，似乎只有在日常生活的一点一滴中保持良好的学习习惯，才能达成学习目标。

可是，到底什么才是好的学习习惯呢？

第六章
自我省察：每天反思一点点，积蓄你的进阶势能

我个人其实非常怀疑学习习惯这个概念。因为对于不同的人来说，在学习上适合自己的习惯是千差万别的。有的人喜欢窝在被窝里读书，有的人喜欢在嘈杂的快餐店里学习，有的人不把课文念出声就无法集中精神……

难道说，每个人的学习习惯都是值得借鉴的吗？

事实上，学习习惯不像生活习惯，有一个能被大家所接受的健康范式。因此，对学习就不能这样一概而论了。

学习习惯因人而异。不过，在所有高效能的学习者中，都有一个共通的特点，那就是：随时随地对自身的学习进程自省、自查，并不断地修补、"反刍"自己所获取的知识。

我的这本书非常核心的一个理念就是"了解"——在学习过程中，我们不仅要了解知识，也要了解学习目标，更要了解自身的状态。只有知己知彼，方能百战百胜。而一个好的习惯，就是在学习进程的每个步骤，都随时随地对自己进行审查。

所以在这一章，与其讲一些具体的"好习惯"，不如讲讲如何在日常的学习中自省自查。正所谓"吾日三省吾身"——这种自我省察的习惯，是所有类型的学习者都应该具备的。

在高中的时候，我曾有三个非常重要的本子。

第一个是整理数学错题的。我在第五章第三节提到过，那是

高效学习法
名校学霸教你把学习变得轻而易举

一个从每个错题的步骤中提炼"组块",用马克笔涂得花花绿绿的错题本。

第二本,搜集了在文综的学习中,对于史地政三门学科,我自创的不同形态,或传统或新奇的知识网络图。这些图,有助于我时刻从宏观到微观,再到宏观迭代上升进行结构化思考、编织知识网络。

第三个本子,是一个像草稿本一样的本子,我称其为"脑洞记录本"。

这个本子上记录的,是每天我脑子中一闪而过、转瞬即逝的碎片念头、困惑或者灵感,可以说,本子上什么都有。例如,一时想不明白的地理洋流问题,读书时看到的一句可以当作文章素材的话,容易记错的英语短语搭配,涂鸦等。

每周我都会找个时间,拿出这个本子看一看,再花上十分钟整理一下:把需要集中向老师提问的列在一旁,把需要纳入知识网络图的标上笔记,再把需要巩固记忆的抄在便签纸上,每天背上几遍。

我认为,所有高效能的学习者,都应该有这样一个"脑洞记录本"。

特别是当你处在一个多线程的学习过程中——越是同时进行

第六章
自我省察：每天反思一点点，积蓄你的进阶势能

多个学习任务，越需要通过随时记录和自查，来保证自己对思维脉络的精确掌控。

因为学习是有盲点和漏洞的。可是，往往任务一多，我们便很难记住自己究竟有什么不明白、出错的地方或者突然想通的地方。

之前谈到，在整体学习中，需要不断搭建连接线，补充知识网络。而这些连接线的搭建有时需要联想和想象，它们涉及对于思维中乍现的灵感的捕捉。有时，电光石火之间，我们会突然搞懂A和B之间的巧妙联系，这时候就很有必要拿出一张纸将它记录下来——毕竟，"好记性不如烂笔头"，万一这条珍贵的连接线被遗忘了，就太可惜了。

实际上，这种记录脑洞的方法，和大名鼎鼎的"康奈尔笔记法"有着相似的地方。

"康奈尔笔记法"是以"5R法则"来整理学习笔记的一种方法。所谓5R，分别是：

记录（Record）：在听讲或阅读过程中，在主栏内尽量多地记录有意义的论据、概念等讲课内容。

简化（Reduce）：从主栏内容抓取重点，用关键词、简短标题、概念摘要等方式简明扼要地写在副栏上。

背诵（Recite）：遮住主栏，只用副栏中简化后的摘要，尽量尝试复述主栏中的内容。

思考（Reflect）：将自己在学习中产生的随感、思考、体会等，与主栏和副栏区分开，写在笔记中留出的某一部分（比如，页面下方的"总结栏"里），加上标题和索引，以便日后随时归档。

复习（Review）：每周花10分钟左右的时间，快速复习笔记。

虽然脑洞记录本不同于一份听课的笔记，但是它实际上起到了康奈尔笔记法中的第四步——思考（Reflect）的作用。

通过随时记录自己在学习过程中产生的随感、思考和体会——无论是总结性的，还是零碎的补充——我们都能够不断地弥补记忆缺陷，时时刻刻做好知识网络的维护工作。

脑洞记录本的存在，也会让你记录下许多灵光乍现的想法——可是为什么这种灵光乍现总是在我们意想不到的时候产生呢？

我们大抵都有过类似的经验：在考场上百思不得其解的问题，走出考场的一瞬间却突然有了思路；专心做题时难以发现的盲点，坐在马桶上放空思绪的时候却想通了……

其实，这是因为我们进入了和专注模式相对的发散模式。在发散模式下，我们没有紧盯着最紧迫的需要解决的难题，而是任

第六章

自我省察:每天反思一点点,积蓄你的进阶势能

由思维放松地游走。在专注模式下,精力高度集中在某个区域,可能会造成知识网络某一部分的"交通堵塞",当答案在另一个区域的时候,就很难注意到。但是,一旦我们放松下来,之前没看到的关键点可能一下子就蹦了出来。

这时候,这样一个脑洞记录本就能供我们捕捉乍现的灵光。

脑洞记录本,还能让我们得到一些意想不到的收获。

有一次,我在英语阅读题中,遇到了一个考纲之外的新单词,查了查意思之后,随手将它抄录在了脑洞记录本中。这只是一个随手的小习惯,由于单词在考纲之外,我也并没有去刻意花精力记忆。

但是,由于我有经常翻阅这个脑洞记录本的习惯,这个单词自然而然地进入了我的词汇库。在几天后的一次大考中,它竟然赫然出现在了某道选择题的选项中。此时,我的随手一记,巧合般地起到了作用,

知识不仅需要系统的输入,还需要零碎的积累和补充。而这种补充,说不定什么时候就能在你向上攀升的时刻成为一块关键垫脚石。

我们时常有一种奇特的印象:在学过某个概念、某个单词、某个新说法之后的几天内,这个新的知识点会反复出现在我们看

到的材料中。

比如,当我第一次见到"祛魅"这个生活中并不常见的词后,就随手查找了其意思。之后的几天,我又反复在文章、网页中看到了它。

这其实并不是一种神秘的现象,而是因为你在吸收这个新知识时会主动去关注它,故而产生了一种出现频率明显提高的错觉。

在学习中,虽然我们强调对于某一学科、某一知识集群的整体性学习,但你也很难说整体性学习之外的零碎知识积累是没有用处的。

我们当然要积累,因为积累本身就是巩固整体性学习、塑造知识网络的一个重要部分——我们的知识网络不仅需要编织,更需要日常维护和修补。

而脑洞记录书,就是我日常修补、增添和维护的办法。它以一种时时刻刻自我省察的方式,督促我在发现漏洞的时候将其记录下来。通过这一方式,我也能更好地了解自己在学习过程中出现的问题,并一一加以改正。

第六章
自我省察：每天反思一点点，积蓄你的进阶势能

Part 2
复盘思维，让你的大脑高效率运转

总有那么几天，我们从早到晚都在忙，似乎一整天都投入到了学习中去，大脑被塞得满满的，累得想要倒头就睡，甚至没有时间去回忆自己这一天的收获。

结果，第二天醒来后，脑海里仿佛"一片白茫茫的大地"。

各种社交平台上打出"记录你的生活"的口号，从吃了什么、玩了什么、看了什么都要拍照打卡记录，日后翻阅自己丰富多彩的朋友圈时，又仿佛重新经历了一遍那些美好的记忆。

虽然有很多人喜欢随时记录、回忆自己的生活，但又有多少学习者会特意花时间，随时记录和检测自己的学习成果呢？

"吾日三省吾身"，就是一项良好的学习习惯。这其中还有一个重要原因：一旦信息输入大脑后，遗忘就随之开始了。

在记忆方面，对这种学习过程中的遗忘解读最为权威的，是

高效学习法
名校学霸教你把学习变得轻而易举

"艾宾浩斯遗忘曲线"。

艾宾浩斯通过对照实验，发现人们**在学习中的遗忘是有规律的，遗忘的进程先快后慢**。学到的知识如果在一天后不抓紧复习，留在大脑中的就只剩下大约四分之一了。而在这之后，遗忘的速度会逐渐减慢，在一周后留存逐渐维持在十分之一的比例。但如果经常复习，则可以将这一比例维持在百分之八十到九十。

艾宾浩斯遗忘曲线其实是一个比较古老的理论，而且其信息来源所用的案例比较极端。但是，其结论是不能忽视的：**多次复习是重要的，不然你所输入的知识会不断衰退，且衰退后难以恢复**。

所谓复习的重要性，其实就是让我们通过不断回看和思考自己输入加工的知识，将它们牢牢固定在自己的大脑之中，成为长期记忆。长期记忆，是离不开多次的回顾和练习的——在生物学原理上，这叫作将神经元形成一个固定互通的道路。

我们在编织知识网络的时候，不是一味地猛织就行。你可以想象自己是一只蜘蛛，刚吐出来的蛛丝，也需要一定时间的凝固和反复来回几次的加粗，才能够固化成可以承载其身体重量的有效道路。如果只是一味猛织，而不懂得复习和回看，新鲜出炉的

第六章
自我省察：每天反思一点点，积蓄你的进阶势能

"组块""模型"很快就会由于不被使用而丧失活力，最终让这片脑区"无法通行"。

"狗熊掰玉米"的故事我们从小就耳熟能详，但当自己遇到同样境况的时候，却往往意识不到。

在上一节，我们提到用脑洞记录本的形式，记录在生活中转瞬即逝的疑问、积累和灵感。这其实是用发散性思维在记忆的后台进行复习的一种体现。

那么，什么是发散性思维呢？

我们的大脑有注意力高度集中的状态，也有注意力放松的休息状态。而这两种思维模式间的相互切换，自从21世纪之初才被神经学家们作为一个课题研究。

它们被分别称为专注模式和发散模式。

在讨论知识的实质输入和深度加工的时候，我们更多是在专注模式下的学习。专注模式和学习时的专注状态，确实在学习中起着主要作用。不过，这并不能说明发散模式带来的反思、修补和填充就是次要的。

发散模式下，由于大脑并没有处于高度紧绷的状态，思维能够游走的范围变得更大了——使你能够想起许多在紧绷的专注状态下，没有注意到的盲点和新思维。

有的时候，我们尽管不处于学习状态，头脑中一晃神之间，却回忆起了某个知识，就是因为在我们的头脑后台，发散模式正在悄悄运行着。《学习之道》里也提到了这种发散模式，并把它比作远光灯，而专注模式则是近光灯。在知识输入和加工比较密集的时候，车来车往，我们自然要打开近光灯。但当进入休息状态的时候，路上没有人烟、没有灯光，就应该使用远光灯。

请记住，是使用远光灯，而不是不开灯。虽然专注和发散模式的交替，有利于巩固我们的神经模型，但这并不是说我们在远光灯模式下就不需要维持一种学习的状态了——潜意识的学习也是学习，这也是为什么我主张用一个"脑洞"本子，把发散状态下的有益念头记录下来。

尽管有着发散状态的补充，但不复习仍然是行不通的，知识还是会在一天或几天后逐渐流失。所以，我们要不断回看，抽出一定的时间，对过往知识不断回想和复盘。

请注意，我用的关键词，并不是"重复"，而是"回想"与"复盘"。

重复阅读自己之前学过的材料，是一种低效率的巩固记忆的方式。即使你在回看的时候，由于之前的基础唤醒了记忆，但记

第六章
自我省察：每天反思一点点，积蓄你的进阶势能

忆是被动唤醒，而不是主动点亮的。如果学习是一场修炼，"回想"和"复盘"的过程则相当于每日睡前的调息，让你的"经脉"能够畅通无阻。

那么，"回想"和"重复"之间的区别是什么呢？为什么说，"回想"是主动的，是高效的呢？

请你在面前摆一张白纸，再拿一支笔，合上电脑和书本，凭借记忆，把自己前一天学到的内容以知识网络的方式画出来。

你会发现，突然间，复习变成了一件很难的事情，绝对没有打开课本顺滑地重读一遍简单。

通过向虚空输出，你需要主动去调动记忆，而不是被动地等待记忆被唤醒，这和"重复"有着实质性区别。此时，你越是努力地回想，知识在记忆里植入得越深——就好像让肌肉微微酸痛的锻炼才是有效的锻炼。

我们都有过这种经历：提笔忘字时，越是绞尽脑汁想起来的字，在之后越会深深烙在大脑里难以磨灭。

正是因为这种主动调动记忆的"回想"是比较困难的，所以我鼓励大家重温艾宾浩斯遗忘曲线，尽早及时地进行"回想"式复习，而不要等到一整个知识集群都学习完毕了再开始。

复习的过程，应当和学习齐头并进。在学习的次日就对前一

天的知识进行"回想",同时,伴随着知识集群的输入,你的网络编织得越来越密,每次"回想"的工作量也越来越大、越来越系统化。

与其说复习是巩固知识的过程,不如说是一个让大脑始终保持高效率运转,从而让知识网络不至于僵化的过程。

除了凭记忆输出笔记这种方法,还有一类有效的办法——主动测试——也就是传说中的做题。

做题可以巩固记忆,因为做题的过程,也是对于知识的主动"回想"而非被动"重复"。题目会要求你以"输出倒逼输入"的方式,以及体系化运用知识点的方式,来继续深度加工你的知识网络。

在这里需要注意的是,刷题不能一味只刷简单的针对孤立知识点的题目。尽管这些细节也是重要的,但在做题时,也应当补充更广泛的知识网络的宏观或者跨区域知识,以此来达到在宏观、微观层面都得到锻炼的效果。

还记得在第四章的最后一节,讲到费曼学习法的时候,我所提到的论述题比选择题更锻炼人的理论吗?由于"试论×××"这样的题目,需要你对着一张白纸,来综合运用自己所学到的知识,起到的回想效果要更好。所以,如果你选择以做题来加深记

第六章
自我省察：每天反思一点点，积蓄你的进阶势能

忆，请不要忘了给自己出几道考验人的"论述题"。

另外，在"回想"之外，我还强烈鼓励大家在每次练习或者考试之后，进行一种叫作"复盘"的回忆练习。

好多人都非常讨厌走出考场高声喧哗对答案的同学。但我所提出的"复盘"，并不是这样浅薄的意思。"复盘"指的是跳出自己在考试时、练习时的思维局限，从一个第三者的角度，客观地分析自己为什么当时选择了某种做法，并尝试给出更优的做法。

在我们的生活中，这种复盘思维其实随处可见，只是大家都把学习和复习当作一件十分严格的事情，似乎不摆出"头悬梁，锥刺股"的姿态就不算学习，所以忽略了它在复习中起到的重大作用。

我第一次对"复盘"这个词有概念，是在和朋友们玩"狼人杀游戏"的时候。当时，某一局可谓高潮迭起、重重反转，大家足足持续了一个多小时才落下帷幕——而坚持到最后胜利的"狼人"，则是谁都没有想到的一位玩家。

输了的玩家自然心有不甘，非要弄明白赢家是在哪一个环节占据了先机，于是大家你一言我一语地开始回想这局游戏中的每一个重要节点，还原了输家如何被赢家的语言暗示和推理所蒙

骗，从而步步沦陷的过程。这种在游戏或某件事后进行总结的过程，被称为"复盘"。

后来，我发现在象棋、围棋等棋类运动中，复盘思维也是被强烈推荐的提高棋艺的好方法——下完一盘棋之后，凭记忆从头到尾把棋子再摆一遍。据说，这种复盘的能力是每个职业棋手的基本功。通过复盘棋局，大师们可以总结出自己哪一招是臭棋、哪一招是绝处逢生，从而更了解自己和对手的弱点，这样才能够在下一次的棋局中不断优化自己的策略。

在体育竞技，甚至电子竞技中，也有通过反复看自己比赛时的录像，来对为何输、为何赢进行总结反思的习惯。

比起日常学习中的"回想"，"复盘"更多地适用于我们在练习、考试等知识的应用环节。

每次做完题、考完试后，静下心来，仔细回忆自己做题时是怎么想的。第一步用了哪个"组块"、第二步借用了哪个公式，并公正客观地评价自己的做法是否是"两点之间直线最短"的最佳应用。自己在哪里犯错了，又有什么做法是值得鼓励的……

一个好的复盘者，应该能像专业棋手那样，在大脑里立刻将刚刚做过的题目重新复现出来，再像一个专业的机械维修师

第六章
自我省察：每天反思一点点，积蓄你的进阶势能

一般，把冗余的零件卸掉，并在运转生涩的地方上油。这一过程，无论是对记忆力的锻炼，还是对思维力的培养，都是大有裨益的。

Part 3
不走几条弯路,怎能到达罗马?

每每提到反思、反省、自查,我们都会联想到一个关键词:错误。

错误,一个多么可怕的词。在学习的疆界里,错误仿佛是众人避之不及的大敌,让我们丢失了宝贵的分数;是错误,让我们做出了尴尬的选择。

但是,尽管错误很不讨喜,但我还是想纠正大家的一个观念:知识的反义词并不是错误,而是无知。

可以说,这个世界上有两类知识:一种是如何做对的知识,而另一种就是如何做错的知识。两类一起构成"有知",并与"无知"的世界相对垒,二者缺一不可。

学习并非要回避错误,而是要彻底了解错误的原理。

著名画家、教育家刘墉在生活中也是个善于因材施教的父亲,其子刘轩毕业于著名学府——哈佛大学。但刘轩在中学时代,却

第六章
自我省察：每天反思一点点，积蓄你的进阶势能

是一个不折不扣的差生。

尽管刘轩天资聪颖，却一度无心学习。青春期的他梦想成为一名像舒马赫那样优秀的赛车手。面对叛逆的儿子，刘墉没有愤怒，而是和他打了一个赌。

刘墉提出的赌约内容令人大跌眼镜：如果刘轩每次考试都能得零分的话，那么刘墉便答应从此再也不干涉儿子的学业。刘轩非常开心地答应了。

起初，刘轩觉得得零分是一件非常简单的事情，但事情逐渐脱离了他的控制——由于约定不能交白卷，他即使对着卷子乱做一气，还是免不了选到一些正确答案，阴差阳错地得到了一些分数。

而当刘轩提起精神，努力想要精准地选择出错误的答案时，却发现由于他不知道哪些选项是正确的，而难以正确地把错误的选项找出来。刘轩不由得感慨：答出一份"完美的"零分答卷竟然这么不容易，甚至和做出满分答卷一样难。

为了和父亲较劲，刘轩不得不硬着头皮投入了学习，并很快赶上了落下的学业。最终，在一次考试中，他交出了一张完美的零分答卷。父亲提出要兑现承诺，他却由于在这个过程中发现了学习的乐趣，选择主动回归了课堂。

其实，所谓的零分赌约，只是将知识考查的形式逆转了，其对学习者的考查标准，和得满分是如出一辙的。

如果一个人想考零分，所需的是排除掉正确选项的能力，而不知何为正确，便做不到；而想要考满分，则需要排除错误选项的能力。所以，**正确与错误，本来就是光与影的关系——没有光就没有影，但没有影子，也难谈光明。**

在我们很小的时候，正是因为触碰到了火，手被灼痛，才知道火是不能乱碰的。人类趋利避害的生存本能，也离不开对错误的了解。

可以说，**正确的道路不是直接走出来的，我们其实是在一步步排除了危险和死路之后，才摸索出一条正确的道路。**

这样看来，你还会觉得学习中的错误是需要被扫出门外的吗？

所有会考试的学子，都有一个最基本的考试"心法"，那就是排除法。

排除法的立足点，就是我们对错误知识的充分了解。

我曾选修过一门逻辑学概论，老师在课堂上，只是草草带过了逻辑学的基础知识，而绝大部分时间都让我们去思考什么是常见的逻辑谬误。

比如，歪曲了别人的观点，使自己能够更轻松地攻击对方的

第六章
自我省察：每天反思一点点，积蓄你的进阶势能

"稻草人谬误"；误认为两个事物相关，等同它们具有因果关系的"错误归因"；诉诸恐惧，把极端情况作为某事发生的必然结果的"滑坡谬误"；认为一个总体的特性，可以适用于总体其他部分的"合成谬误"，等等……

令我印象最深刻的是某个课后作业，我们需要准备一套很打动人，但在逻辑上充满了谬误的说辞，尝试以诡辩说服别人。

难道说，这些关于逻辑谬误的知识，不是逻辑学中重要的组成部分吗？

此外，在备考大军中，有一种说法：你在正式考试之前，暴露的错误越多越好。

的确如此。想象一下，假如考试可能涉及二十种常见错误类型，而你在考前的模拟练习中，每一次都没有做到这些错误类型的"坑人"题，那么就仿佛没有摸过电门不知道触电很危险一样，在正式考试时就很容易"掉坑里"。

而被常见错误类型频频"坑"到，因此练就了辨识错误的火眼金睛的考生，则不会如此。

对错误的充分接受、理解和吸纳，就是这样重要。

我们在反思和自省的过程中，勇于发现错误，并不是为了苛责自己、惩罚自己，而是为了从错误中汲取关于错误的知识——

高效学习法
名校学霸教你把学习变得轻而易举

知道什么是错误,为什么会犯错,错误通常会以怎样的伪装出现。

错误不可怕,可怕的是我们在自我省察、复盘反思的阶段,沉溺于反复练习自己最熟悉、最简单、最容易做对的部分。表面上,我们越做越快、越做越好,但是,这种省察和反思,不过像"流水线工人"一般——你只会变得越来越熟练,而无法扩大视野。缺少了"影子"对"光"的反衬,对正确知识的理解也会相对薄弱。

想要巩固自己对错误知识的了解,我们可以采取想象练习:不妨在回想与复盘的过程中,把自己想象成一位命题老师,正在为学生们准备试题。你是一位狡猾的老师,抱着尽可能让大家统统挂科的目的出题。

在考查某个知识点的时候,你便要尝试在答题的路上尽可能多地挖"陷阱",把常见的、难以分辨的诱错信息安排在题目中。

在进行想象练习时,你会发现,如果自己只是单纯地侧重于知道什么为正确的话,是绝对设计不出高难度、多陷阱的难题的。

同样,当你是答题者,如果不知道哪些错误是最常见、最容易被忽略、最有诱惑性的,也很难做对有一定创新性的难题。

我们经常会因为缺乏对错误知识的了解,而丧失深度加工理解知识的机会,陷入某种似是而非的状态。比如,在做选择题的

第六章
自我省察:每天反思一点点,积蓄你的进阶势能

时候,会感觉 A 选项对,但 B 选项好像也对。但事实上,A、B 两项中一定有一个包含着错误的要件。只不过,你没有真正弄清楚这道题考查的原理,也不具有辨认错误要件的经验罢了。

几乎所有的学习者都知道整理错题的重要性,去问一百个人,可能有九十九位都会告诉你错题本的重要意义。但是,究竟是否只是形式主义的整理,就另当别论了。

认识错误,积累错误中的经验——这些似乎是显而易见的道理。但是,不是所有人都可以在日常习惯中,保持这样一种正反交织、光影共生的自省方式的。

回归到最基础的心态,首先,要确定自己不要下意识回避错误。

其次,要始终保持正反相辅相成的思维力。

想想看,你在做对了一道题的时候,合上书本,究竟心里想的是什么?

是"我把这道题做对了",还是"我没有做错这道题"?

这其实是两种进路不同,但相辅相成的自省方式。它们所关注的知识分别是做对的知识和做错的知识。而就像本节开头所言:唯有二者兼备,才能对抗无知。

你所走过的"歪路",都能够成为你日后继续远行的"攻略"。

Part 4
做自己的苏格拉底,打破思维惯性天花板

有一部叫作《幸运路易》的美国情景剧,讲述了一对夫妇和他们的孩子的日常生活。其中有一段很有趣的父女对话:

一天清晨,父女二人在桌边吃早餐。女儿问父亲:我们可以出去玩吗?父亲以现在是凌晨五点,时间太早而拒绝了。

女儿:为什么?

父亲:太阳还没升起来呢。太阳起晚了。

女儿:为什么?

父亲:地球要转动,当转到一定角度的时候,太阳才从地平线上升起来。

女儿:为什么?

父亲:我不知道。

女儿:为什么?为什么你不知道?

第六章
自我省察:每天反思一点点,积蓄你的进阶势能

父亲:因为我当初没好好学习。

女儿:为什么?

无论父亲回答什么,女儿都不停地追问"为什么",而父亲则被迫不停地解释,从自己上学时为什么不注重学业,再到为什么找不到好工作,再到为什么服务业取代了制造业,再到人生的意义,最后回答道:"因为上帝死了,世界上只剩我们。"女儿才最终满意。

这段情景剧里,女儿恐怖又可爱的追问,和父亲无奈被迫思考的回答,被不少网友津津乐道。

而我在看这段视频的时候,却想到了一个哲学质询的方法,那就是西方伦理道德哲学之父苏格拉底的"苏格拉底反诘法",也称为苏格拉底提问、苏格拉底质疑、究底式提问法等。

简单来说,苏格拉底反诘法是通过对于某个问题的不停追问,让被提问者被迫去重新思考、归纳和定义自己的固有知识,它既是一种思辨训练的好方法,又是高效能学习习惯的一大支柱。

在历史学家色诺芬的《回忆录》中,对苏格拉底和欧谛德谟之间的一段对话做了记载。其中,苏格拉底就用究底式的提问,来迫使欧谛德谟认识到自己的思维漏洞。

欧谛德谟认为,欺骗朋友这种虚伪行为是非正义的,于是苏

高效学习法
名校学霸教你把学习变得轻而易举

格拉底有了如下的追问:

"假如一位将军所统帅的军队已经丧失了士气,精神面临崩溃,将军欺骗自己的士兵说援军马上就到,从而鼓舞起斗志取得胜利,这种行为属于非正义吗?"

"如果一个孩子生病却不肯吃药,父亲骗他说药不苦,哄他吃了下去,结果病好了,这属于非正义吗?"

"如果一个人发了疯,他的朋友担心他自杀,偷走了他的刀和利器,这种偷盗行为是非正义的吗?"

欧谛德谟对于这三个假设,不得不承认,在这三种情况下,即使是对朋友进行了欺骗,也不能算作非正义的行为,从而收回了自己"朋友之间不能欺骗"的定论。

我们的思维总是习惯于它适应的思考方式,并由此产生出一种惯性,因此,如果不时刻对自己学到的知识进行反问和质疑,并进行突破思维惯性的训练,就会被思维的"印象天花板"限制住。

苏格拉底反诘法是一种很好的训练方式,它可以帮我们探索复杂的概念、了解事物的真相,让我们可以区分已知和未知。它不是简单的提问,而有着结构化的逻辑,它的追问是系统而深入的。所谓的批判性思维、质疑式学习,都是由苏格拉底反诘法而

第六章
自我省察:每天反思一点点,积蓄你的进阶势能

生发出来的方法。

在越来越多的大学课堂上,教师也开始采取这样的方法,帮助学生厘清他们的思维,锻炼他们做复杂的批判性思考。

你可以进一步解释你的答案吗?你的论据是怎么来的?如果换一个前提,在其他情况下,你的结论还成立吗?如果存在另一种情况,把A前提换成B前提,是不是可以反驳你的结论?在条件不变的情况下,你还能想到什么方法,来改变当前的结论?

学生们经常被教师问得晕头转向,一堂课下来,最终学到的不是真正的知识,而是满满的怀疑。越是需要多元思考、没有单一正确答案的知识(多见于社会科学类知识),越会在这种追问中陷入无法终结的质疑。

但是,正是伴随着如此确立—推翻—再确立—再推翻的过程,我们破而后立、立而后破,最终学得越来越深入,知识网络也越来越成熟。

19世纪末,哈佛大学法学院院长克里斯托弗·哥伦布·郎德尔基于苏格拉底教学法中独立思考和批判性思维的精神,首创了案例教学法。在课堂上,教授采取问答式、对话式的方法和学生讨论案例,让学生能够针对各种法律问题进行彻底深入的思考,从而培养一种鞭辟入里的逻辑推理能力和分析能力。

高效学习法
名校学霸教你把学习变得轻而易举

案例式教学学法最有名的一个虚拟案例叫作"洞穴奇案",这个案例可谓国内外法学学生进入法学院的第一课。

"洞穴奇案"是哈佛大学法学院教授富勒杜撰的一个案例,讲述了四个人进入到某个洞穴被困,在弹尽粮绝且和外界失去联系后,为了活命,其中一个人提出以抽签的方式吃掉四人中的一人。尽管他很快改变了立场,撤回了提议,但剩下的三个人仍旧坚持抽签,而提议者则不幸成了牺牲品。

被救出后,活下来的三人面临谋杀罪的指控。而法学院的学生们则需要基于自己对律例的思考来决定如何判决。

在学习"洞穴奇案"时,即使每个学生都有一套侃侃而谈的理论,但这种自信很快就在老师的不断追问下崩塌了。

当你提出一命换多命是值得的,老师立刻反问,生命是否可以成为计算的对象?当你论证大家对于吃人的集体同意可以合理化杀人的行为,老师就指出提议者已经撤回提议,是否说明集体同意已经不存在了?当你说谋杀罪的法律条文必须被遵守,老师又会反问如果遵守条文会导致对于立法目的的违反,该怎么办?

由于"洞穴奇案"实际上涉及自然法学、社会法学、实证主义法学等多种法学理论流派之间的碰撞,还涉及功利主义和自然派思想的冲突等,导致这个案件根本不可能有一个大家都认同的

第六章

自我省察：每天反思一点点，积蓄你的进阶势能

判决方案。

所以，学生们无论怎么论证，都会碰到许多质疑，这逼迫他们重新去思考——最后，没有人知道该如何裁判"洞穴奇案"，可在这一过程中大家的逻辑分析能力和对法律的理解都大大加深了。

这也正是苏格拉底反诘法的魔力所在。

一个好的"学习习惯"，无疑也是自我省察的习惯。所以，在自我省察中，我们可以尝试扮演苏格拉底，不断质疑已经获得的知识，甚至勇于打破已经训练熟练的"组块"和知识网——真理不辩不明，旧的不去，新的不来。

我们应当在面向自己的提问中试着去理解某些知识的根本基础，追问它和其他知识之间的联系，尝试将其应用在不同的环境中，以观察可能出现的矛盾结果。

在这里，我们要把握住3W法则。

我提出的3W法则并不同于传统的"What-Why-How"而是"Why-What-What if"。

Why：为什么——某个结论是怎么得到的？某个现象背后的成因是什么？它的根本基础是什么？进一步解释它是怎么回事？"Why"可以帮助我们更好地追根溯源，反思某个知识的本质来

源，避免只是表面理解知识，甚至是误解知识。

What：什么——某个结论还有什么其他相关的结论？A概念还有什么相关概念？A和B之间的联系是什么？在"What"中，我们追问自己还有什么知识和目前的知识相关，这可以帮助我们梳理知识之间的连接线。

What if：假如——假如换了某前提，结论还成立吗？假如应用到某极端情况，结论还存在吗？假如增加了某个条件，会怎样？假如去除了某一限制，会怎样？"What if"可以说是最重要的一条反诘思路，在这个不断更换假设、条件和限制的反思中，我们相当于把组建好的模型拆掉几个部分，再试图组装成其他的形状。这种灵活组合的能力，是整体性学习不可或缺的，也是考试、应用等输出过程重点考察的。

想想看，即使是在费曼学习法下，学习者给一个五岁儿童讲"地球自转，所以太阳从东方升起"的道理，对方也可能会天真地追问：如果地球不转了呢？如果太阳也转呢？在火星上，太阳也从东方升起吗？如果我跑得和地球转圈的速度一样快，太阳还会从东方升起吗？

通过思考这些"如果"，地球自转和公转的知识才能越来越明晰。连孩子提出刁钻的"十万个为什么"都不怕的我们，自然

第六章
自我省察：每天反思一点点，积蓄你的进阶势能

也不会为考试发愁了。

对于无知，一个人是想象不到的。因此，一定要对自己多多做苏格拉底式的诘问、质疑。唯有如此，不断地质问才能推动反思，让我们成为一个积极独立的学习者，最终走向深度学习。

第七章

专注赋能：
学得又快又好的终极法则

只有那些懂得控制自己的缺点，

而不让这些缺点控制自己的人，

才是强者。

——巴尔扎克《农民》

Part 1
集中精神十分钟，胜过心不在焉十小时

在这一章，我们将要探索高效能的"学习状态"。

高效能的学习状态，只有两个字——专注。

唯有专注，才是学得又快又好的终极法则。

什么是专注的状态呢？当你在学习时，将自己的脑与心，全部投入到当前的知识上，并且始终保持着知识输入与知识加工的运动状态，就是专注的状态。

这里的专注，不同于之前提到的"专注模式"这一概念，而是针对学习时保持自制力和专注力这一状态而言的。

真正的专注，需要你深度调动自己的脑区，不断运行着我们在第四章和第五章所提到的知识实质输入和知识深度加工的过程。

但是，保持这种状态，并非一件容易的事。我们是在一个充

第七章
专注赋能：学得又快又好的终极法则

满诱惑的世界里做学习的苦修，因而很容易被诱惑和欲望所干扰，或者由于心浮气躁，而无法投入到实质输入和深度加工中。

这也就是为什么我将"专注"称之为高效能学习的"终极法则"——因为唯有"心在焉"，才能真正做到"学得又快又好"。

我鼓励大家去观察一下身边那些被称为"学霸"的学习者，看看他们的学习状态是否与自己有着本质的不同。

你会发现，"学霸"们在学习时所展现出的状态，和我们在看一本引人入胜的网络小说，或者打一局紧张刺激的游戏时的状态是很相似的——仿佛"老僧入定"一般，甚至别人叫他，也要大呼好几声后才能得到回应。

这就是专注状态的魔力。同样的资料摆在面前，一个专注者的效能远远高于一个三心二意的人。可以说，集中精神十分钟，胜过心不在焉十小时。

实际上，保持长时间的精神专注是非常困难的。曾有调查显示，在课堂上，学生们只有前十五分钟和最后五分钟能够保持较高的精神集中状态。所以，老师们会非常珍惜课堂刚开始的时间，会努力地吸引大家的注意力——因为一旦过了十五分钟，学生们的精神便开始涣散，知识处理的速度会急速下降。

那么，如何做到长时间的精神专注呢？

高效学习法
名校学霸教你把学习变得轻而易举

我综合自己的经验,以及对身边优秀学习者的观察,总结出了这样一个方法:实际上,**专注的状态所需要的是让自己保持"处理信息的速度"和"所做事情的速度"的一致。**

这是什么意思呢?

用阅读网络小说举例。我们在阅读网络小说的时候,会感觉到它的可读性比晦涩、艰深的名著更高,能让人津津有味地一口气看上好几个小时。这是因为,在网络小说中,信息的密度是非常低的。可能好几章过去,故事情节也只是推进了短短的一节。而且,网络小说的文字一般直白易懂,不会暗藏一些需要细细思索的深邃道理或者潜台词——这也是为什么网络小说时常被批判"注水",一部作品动辄"飙"到几百甚至上千章的原因。

我在这里无意去否认这种文学形式,只是想通过这个例子让大家明白——我们之所以能够在阅读网络小说、看剧,或者玩游戏的时候轻松保持着高度的专注,是因为其中蕴含的信息密度较低,我们头脑"处理信息的速度"跟得上这些作品提供给我们的信息速度,也跟得上我们眼睛观看的速度。

因此,这些娱乐性内容的信息流可以非常顺畅地流入大脑,"处理信息的速度"和"所做事情的速度"顺畅地保持着一致步调。

第七章
专注赋能：学得又快又好的终极法则

但是学习就不同了。我们的学习资料都是经过了精简和凝练而诞生的产物，它们包含的信息量是非常庞大且复杂的。可能一句话的定义，背后就有着无数个需要我们深入理解的知识点。

因此，在读书的时候，我们会产生"看了半天书，却什么都没看进去"的挫败感和疲累感。由于头脑"处理信息的速度"跟不上接触到信息的速度，导致心浮气躁。再加上身边诱惑的干扰，自然就很难集中注意力了。

所以，我们难以保持专注力，其实不在于学习的知识有多难，而在于这两种速度不能齐头并进。假如所学习的知识太简单了，你也会抱怨：为什么听了半天，老师还是在讲同一个知识点？所以难免分心、走神。

但更多情况下，我们面临的难题仍旧是"处理信息的速度"无法跟上"所做事情的速度"。

这是非常正常的。如果我们读课本、读材料，可以像看网络小说一样简单，那么人人都可以轻松保持聚精会神的状态。

专注力是一种稀缺的能力。而培养这种稀缺的能力，需要主动去锻炼。

只有通过锻炼，我们才能够逐渐让"处理信息的速度"跟得上"所做事情的速度"。只有这两个速度保持良好的齐头并进的态势，而非互相摩擦，我们才能长时间地保持专注。

在这里，我想将自己摸索出的一些实用性技巧分享给大家。

首先，你可以调动自己的身体，用尽可能多的部分来参与学习的过程，降低自己"所做事情的速度"，让"处理信息的速度"可以迎头赶上。

一个很好的方法，就是让你的手参与到学习中，而不仅仅是一目十行。在阅读复杂的学习资料时，拿一支笔，在每一段阅读过的信息旁边随时批注，就可以避免一种情况：你的眼睛已经扫完了一整段文字，可是头脑的处理速度还在缓慢推进。请注意，眼睛扫视得快，并不是一件说明你效率高的好事。"所做事情的速度"并不是越快越好。

同时，涂涂写写的过程也可以逼迫自己的大脑从被动变为主动处理信息，防止懈怠。涂涂写写时，你会尽量去思考：这一段的中心思想是什么？它和上一段有什么衔接？又是如何链接到下一段的？与文章整体之间有着什么样的关系？

眼随手动，脑随手动，这样才能保证眼脑处于同一速率。

另外，课前要预习。预习之所以成为经久不衰的学习方法，是因为它有助于我们保持上课时的专注状态。

如果一门课程的难度使你不能够在听课的过程中让"处理

第七章
专注赋能：学得又快又好的终极法则

信息的速度"迎头跟上，那么只会听得云里雾里，很快丧失专注力。但是通过预习，相当于在上课之前先把自己大脑"处理信息的速度"做了一个热身，就能更好地和课堂教学速度保持一致。

还有一个我们耳熟能详的工作方法：番茄工作法。

番茄工作法，指的是将时间划分为25分钟的工作时间和5分钟的休息时间（或按照自己的习惯来规定工作和休息的时间）。有些人会表示，采取了番茄工作法后，自己的专注力大幅提升了。

这也可以用两个速度法则加以解释：人的大脑在保持了高度专注状态后会陷入疲惫，血糖降低。而番茄工作法通过划分为短时的工作和频繁的休息，让头脑得到有效的恢复。这样，就好像让大脑处理信息从马拉松变成一个又一个的冲刺短跑，短跑的速度，自然是要高于马拉松的速度，也跟得上"所做事情的速度"。

此外，集中注意力还需要我们知道该如何拒绝诱惑、远离干扰，以免让诱惑与干扰拉慢自己本来就不算快速的"处理信息的速度"。关于如何提高这方面的自制力，我将在本章的其他部分进行深入的探讨。

高效学习法
名校学霸教你把学习变得轻而易举

总之,我们要尝试用这些技巧来使两个速度保持平行一致,减少内耗和摩擦,才能够逐渐达到一种长时间集中注意力的高效能状态!

第七章
专注赋能：学得又快又好的终极法则

Part 2
远离诱惑源，为自己建造一座"无人岛"

在你的电脑里，使用频率最高的软件是什么？

除了Office系列的办公软件、浏览器或者音乐软件，我最常使用的软件叫"自我控制"。

这款软件非常冷门小众，它不能提供任何娱乐，界面也非常简单：只要你按下"开始"按钮，拖动鼠标设置一定的时长，那么在这一段时间里，无论你用什么办法，都不能通过电脑访问被你提前编辑进"黑名单"中的网页。

我下载这一软件的初衷，是为了避免自己在写论文，或者用电脑的时候，忍不住点开知乎、豆瓣、微博刷几篇文章，或者打开视频网站看几集热播剧。在这个用电脑学习成为主流的时代，这种诱惑实在可怕——因为它几乎是触手可及。

可是，随着交作业的时间逐渐接近，离截止日期只剩下一天半的时候，我也不免焦虑起来：照这个速度，我不可能在截止日期之前写完论文。

于是，我在网上搜索有什么办法能克制自己的无节制行为，有人推荐了"自我控制"这款软件。我一狠心，把自己最常访问的一系列网址都输入到了"自我控制"的黑名单里，一口气选择了三十六个小时的阻断时间。

这下可好，突然间我变成了一个被没收掉香烟的多年烟瘾患者。每过十分钟，我就忍不住在浏览器里搜索一下这些地址——可是，软件一开启，就再也没有回头路，无论我怎么操作，都无法登录成功，只好垂头丧气地乖乖写论文。虽然忍受了三十六个小时的心痒难耐，但我总算是在截止日期之前上交了作业。

人非圣贤，在欲望面前，我确实很难控制自己。

可诱惑实在是一种很糟糕的东西，我们明知道某样东西不好，但还是会想得到，诱惑驱使着我们为了满足一时的渴望，而不顾长远的后果。向诱惑不断妥协，会让我们逐渐变得不安、不满，并充满负罪感。

如果长此以往，习惯屈服于诱惑，我们很可能会上瘾。

可是，在学习过程中，以自制力抵制诱惑，实在是一件不容易的事情。

第七章
专注赋能：学得又快又好的终极法则

我和室友曾相约在考前复习的时候，卸载微博以免分心。但在吃喝玩乐这件事上，人的创造力可谓无穷尽：没有了APP（应用程序），我们两个又都心照不宣地开始用手机浏览器，直接从网页版进入微博……

在学习中，打破专注状态的往往是一些很小的诱惑源。你的手机、温暖的床，或者一些既不重要又不紧急，但是却非常有趣的娱乐活动……它们和辛苦的学习相比，确实更加有吸引力。

《意志力》一书的作者罗伊·鲍曼斯，曾在文章中论述我们是如何自控和保持注意力集中的。他表示，我们的大脑细胞保持活跃的化学物质来自血液中的血糖，其中也包括控制自己保持专注的化学物质。而在我们努力学习的过程中，血糖被消耗，意志力也会自然而然地被消耗。

但是，这似乎解释不了某种现象：我们时常只学了一会儿，达不到所谓消耗血糖的程度，就去向诱惑源靠拢。

实际上，这并不是因为缺少血糖，或者缺乏意志力造成的。心理学家曾经做过一个调查，询问在学习过程中纵容自己沉迷于诱惑的人的想法，而被试者却都认为，自己在做决定的时候实际上没有失控。相反，他们把对诱惑的妥协当作短暂努力的奖励——看了几页书，自然有资格休息两小时。

这种心态，就像"道德许可效应"：有许多人制订了一份"完美"的计划后，受到成就感的推动，选择去放纵自我。而我们在学习的过程中，更是容易受到"道德许可效应"的影响。

可以说，即使是意志力很强的"超人"，也很容易在诱惑离自己很近的时候向它屈服。大文豪陀思妥耶夫斯基的名言"在周围充满可能性的时候，对其视而不见是非常困难的事"——这很好地说明了这一问题。

既然诱惑的能量这样大，那么，我们也只好"以毒攻毒"。

想象一下：如果此刻你身处一座无人岛，手上只有学习资料，此外别无他物。岛上光秃秃的，没有任何美景或者趣事。那么，你还会那么容易被诱惑所吸引吗？

当然不会，因为在这个环境里，根本就不存在诱惑。或者说，你屈服于诱惑的成本会被无限放大。在无人岛上，如果想玩一下手机，可能需要你伐木做一艘木筏，冒着死亡的危险，在大海上漂流数月，才能到达陆地得到一部手机。面临如此之高的成本，你不需要付出太大的意志力，便可以全神贯注地投身于学习之中——毕竟，你也没别的可干。

我曾仔细观察过在图书馆里学习的人，其中，有百分之六十到百分之七十的学习者会时不时地拿起手机，一看就是半个钟

第七章
专注赋能：学得又快又好的终极法则

头——他们的手机，通常都被放在桌面上触手可及的范围内。

而大多数真正能够长时间埋头苦学、沉浸在专注状态中的学习者的桌面上，往往看不到手机。

不带手机去图书馆，就是一种战胜诱惑的以毒攻毒的方法。

总的来说，想要战胜诱惑是非常困难的。既然如此，我们不如远离诱惑，无限提高自己屈服诱惑的成本，主动把自己流放到一座"无人岛"上。

在这里，我向大家介绍一种学习环境管理法。

这一管理法需要我们以自己为圆心，由远及近，把学习的环境划分为低危、中危和高危区。

其中，高危区是我们不需要站起来就可触及的范围。在这个范围，我们只存放和学习任务相关的必需品，最好连食物和水也不要放。

而中危区，则是那些需要我们稍微挪动自己的位置才能够到的范围。比如，在图书馆学习的人，整座图书馆就属于他们的中危区。学习者在犯馋时，就会面临着去图书馆一楼的咖啡店买一个面包的诱惑，但想要得到面包，需要起身下楼、掏钱包付款，比起直接在高危区存放零食，学习者想要吃东西的念头便会被大大削弱。

在中危区，只放一些自己可能会用到，但不是学习必备的用品即可。这样既避免了在真正需要时费神去找，又可以避免不必要的干扰。

而低危区，则是在中危区之外的区域。这些区域的东西离我们很远，无法在短时间内毫不费力地接触到——诱惑力越强，就应放得越远。

在学习过程中如果你想长时间地忍住拿起手机的冲动，大可以把手机留在宿舍。宿舍相对于图书馆，就是一个遥远的低危区。即使你再想玩手机，一想到要在寒风中费劲地从图书馆走回宿舍，诱惑程度便被大大地削弱了。此时，我们的自制力便可以轻松占据上风。

毕竟，把手机留在宿舍，只需要你一咬牙的狠心。但是，如果在高危区有一部手机，那么你就需要时时刻刻调动精力去抵御这种近在咫尺的诱惑。

现在，请你检查自己的书包，区分出应该放在低危区、中危区和高危区的物品吧。

请问问自己：这样东西是我在学习过程中所必需的吗？

它是不是有着诱惑我们无法专注的潜在危险？

我们采取何种方法，才能够让高诱惑度的物品不那么容易被

第七章
专注赋能：学得又快又好的终极法则

接触到？

不要用查找资料或者是防止紧急情况下失联的理由，来为自己携带手机等不必要的物品寻找借口。或者，你可以下载一些阻断自己访问无关网站的应用软件，降低高危诱惑物品的诱惑程度。再或者，在考试之前的复习周，彻底卸载小说阅读软件、视频软件、社交软件等。

假如我们总是处于诱惑之中，那么，唯一能有效抵挡诱惑的方法就是远离诱惑——既然我们战胜不了本能，那么我们就去战胜自己。既然我们控制不了自己去做正确的选择，那么就不要给自己选择。

Part 3
为你的努力寻找"观众"
——注意力跃迁的小窍门

这个时代有太多的东西可以让人上瘾，手机、网络、游戏、短视频……比起学习，它们似乎都有着更大的吸引力，极易让人沉迷，甚至把本应分配在学习上的注意力通通侵占了。

既然对抗不了诱惑，那就远离诱惑——如果手机令你上瘾，那么就不要带着手机去自习室。这样，任微博再有趣、短视频再好看、微信群聊再吸引人，也无法抢走我们的专注力。

然而，我仍旧不禁会想：要是有什么小窍门，可以让人对学习欲罢不能，能够对学习上瘾就好了！

其实，这种想法并不是异想天开。真的有一种能够让注意力跃迁的小把戏，叫作"为自己的学习过程寻找到观众"。

如果我说，拿一部手机录制或直播自己的学习过程，可以让

第七章
专注赋能：学得又快又好的终极法则

你的注意力得到大幅提升，也许你不会相信。但在现实生活中，有越来越多的人正在通过这样的方法督促自己在学习过程中专心致志。

在一个视频网站上，有一个订阅量达几十万非常受欢迎的博主，这是一个韩国人，他每天会直播12个小时左右，而每次直播都会有几万甚至几十万的观众涌入直播间来看热闹。

他直播的到底是什么样的高质量内容，会有这么强的吸引力呢？

点进直播间，你可能会失望——因为他既不唱歌，也不跳舞，甚至是一言不发，全程与观众"零交流"。在长达十几个小时的直播中，他只做一件事，那就是对着桌面，为了公务员考试全神贯注地学习。

在各种短视频或者直播平台上，越来越多的年轻人会"利用"外部视角的方法来监督自己保持专注力。

在B站（哔哩哔哩弹幕网）上，在"直播推荐"的目录下搜索"考研""考公务员""中考""高考"以及各种专业类考试的关键词，你会发现，有许多人投放自己的学习视频。随机点开一个，就能看到和那位韩国博主相似的内容：一桌一椅一人，正在伏案苦读。

此外，还有更多的年轻人通过拍摄视频博客的形式记录自己的学习过程，并与网友们分享。

这些直播与视频，比起流量时代其他五花八门的视频内容，简直无聊至极。不仅一播就是好几个小时，而且主播也不会与观众互动。

以此来看，这类直播方式会走红简直令人不可思议，可它偏偏从大量好玩、有趣的视频中杀出了一条血路。

不过，还是很难让人相信，这些直播自己学习过程的学习者，用这种"哗众取宠"的方式，真的能够达到凝神静气的专注状态。可是，在看了许多报道以及专访后，我惊讶地发现，很多直播学习的播主，确实都圆满地完成了自己的学习任务。

他们在采访中表示，正是因为自己随时记录学习过程，内心知道会有观众在屏幕外观察自己、陪着自己一起学习，因此一点也不敢松懈。另外，这种将自己的努力表现给许多人看的过程，本身就充满了成就感，成了枯燥的学习过程中独特的精神鼓励。

这种提升注意力的方法，让人不得不想到心理学上的"表演型人格"。其实，大多数人都渴望被关注、被欣赏，隐隐都有表演型人格。而且，这种表演型人格会让我们比较容易受到外部环境的影响，同时也善于捕捉他人的情绪线索，并且根据这些线索

第七章
专注赋能：学得又快又好的终极法则

迅速进入"角色"。

一旦我们在"表演学习"的时候，接收到外部对自己努力的赞赏，感觉到他人给出的"这个学习者真努力"的情绪，就会刺激我们向着观众眼中的理想形象靠拢——这样的刺激，无疑会对我们的学习产生良性的反馈。

我有一位同学，她每次需要复习或者写作业的时候，总是放着好好的图书馆不去，也不愿意待在舒适的宿舍里，而是选择背着沉重的书本和电脑，"不辞劳苦"地到学校外的肯德基快餐店学习。

每次在肯德基看到她把参考资料铺了一桌子，在鸡翅和薯条的环绕中埋头苦读，都会拿陶渊明的"结庐在人境，而无车马喧。问君何能尔？心远地自偏"来调侃她。

这确实是很奇怪的学习习惯——快餐店里人来人往、吵闹嘈杂，在这样的环境里，怎么可能比在图书馆更专注、高效呢？可是，每次，她总能高质量、高效率地完成学习任务。

当被问及为什么的时候，她给出了非常有趣的回答：在肯德基，总是会有好奇的路人用惊讶、赞叹的眼神打量着她。甚至，还会有家长领着小孩在旁边窃窃私语："快看这个姐姐多努力！你要向她学习！"这种体验非常愉悦，让人忍不住就要多学一会儿。

而当她想玩手机的时候，也会不好意思——毕竟，自己已经塑造了一个在肯德基都不忘学习的形象，怎么能掏出手机打破这个完美的画面呢？于是，她只能挺直腰板，埋头保持大家心目中刻苦学习的样子，不知不觉就完成了学习任务。

我们听完后，不由得大跌眼镜，接着就是口服心服。

的确，将自己的学习状态完全曝光在公众视野中，我们就能受到外部的监督，如果监督给了我们正向反馈，则会产生良性的循环——专注地学习，自然就变成了一件欲罢不能的事情。

就像我在上一节所说的——如果我们抵制不了诱惑，就远离诱惑源。在这一节，我也想说：如果我们自己不能约束自己，不妨去寻找外部的约束力，同时锻炼自己的自制力。

当然，这里提到的把学习过程放到网上，寻找"观众"的形式，并不一定适合每个人。

所以，直播学习的播主，既有通过一年的直播学习顺利考上研究生的，也有开了直播间，却被弹幕、人气和礼物分心的播主……在拍学习视频的过程中，也有人沉迷于视频分享的人气，陷入形式主义的旋涡，实际上并没有专注于自己的学业，也屡屡可见。

在这里，我只想通过在网上直播学习这个例子，介绍一个通

第七章
专注赋能：学得又快又好的终极法则

过借助他人的关注来提高自制力的小窍门。如果你在图书馆里总是无法提高注意力，不妨使用寻找"观众"的方法，尝试去学习者稍微少一些、路人多一些的地方学习，比如咖啡馆、快餐店、24小时书店等。

再或者，寻找学伴，彼此监督，也是一种很不错的方式。

实际上，你采用哪种学习方式都没问题。最主要的是，要通过这一形式让自己的注意力得到提升，而切忌舍本逐末。

我们不能不承认，随着网络的普及，年轻人越来越多地沉浸于一个越来越大众化的"网络社区"，学习也不能免俗。但是，我们需要确保在这个大众化的社区里，收获更加深刻的内容、更加高效率的结果。不然，就真的变成了一种网络社交时代下的虚假狂欢。

Part 4
较真的艺术——
龟速"死磕"到底,才能飞速进步

有人说,一较真,你就输了。

似乎所有的处世哲学都在教我们不要钻牛角尖,难得糊涂。也许,在人生的大智慧上,有一颗糊涂而宽容的心是一件好事。但是,在学习面前,保持较真的态度,却是赋能专注力的一大关键。

虽然表面上,对于知识处处较真会拖慢我们的学习进程。但是,这种较真导致的缓慢,其实是在为我们之后的飞速进步蓄能。

小学二年级时发生过一件事,让我至今印象颇深。

那是一节数学课,老师提了一个简单的问题:小明从一楼走到三楼,一共需要上几段台阶?也许是当时我们年纪太小,没有

第七章
专注赋能：学得又快又好的终极法则

很清晰的数学思维，班上几乎所有同学都回答"三段"。只有少数几个学生认为是两段，其中就包括我。

大概是为了锻炼我们的质疑能力，老师故意反复地问我们：你们确定是两段而不是三段吗？在这一追问的过程中，有的同学向坚持"三段"的群体"倒戈"了。最后，只剩下我和另外两个同学仍旧坚持"两段"。

老师把我们三个叫到了讲台上，让我们给其他同学讲讲到底为什么选择了这样一个少数派的答案。

我心里惴惴不安，可是，我还是想不明白，为什么从一楼走到三楼需要走三段台阶：明明从一楼到二楼是一段，从二楼到三楼是一段，一共是两段呀！

即使当时的场面对于一个小孩来说十分难堪，我还是坚持了自己对于"三段"派的不理解。和台下的同学们争论时，我甚至冒出一股冲动，想要跑下教学楼，亲自从一楼上到三楼，看看自己到底要经过几段台阶。

最后，老师宣布：真理掌握在少数人手中。那一瞬间，对自己的坚持和"较真"，我感到了深深的自豪。

在以后的日子里，在学习上的较真，让我吃过不少苦头。有时，我会因为自己得出的答案和老师讲解的不同，而我又无法被

高效学习法
名校学霸教你把学习变得轻而易举

老师说服,在课后追到办公室同老师争论。

在高中的时候,我由于无论如何也做不出一道数学压轴大题,曾把其他作业抛在一边,花费六七个小时的时间在这一道题目上,直到最终老师通知说这道题出错了……

但我并不认为自己的这种斤斤计较是白费功夫,而是感受到了一种欣慰——至少我想不明白的事情有了一个合理的答案。

虽然高效能学习追求的是学得"又快又好",可是这样的"又快又好",并不等于我们要对自己没有完全弄懂的事情装糊涂,或者得过且过。

这不是一种固执,而是对打牢学习"地基"负责。

我曾经在一部网络修仙小说里看到过一个非常有意思的设定。经常阅读网文的读者可能会知道,在修仙小说里,主角一般会像游戏升级一样,经历"炼气""筑基""金丹""元婴""化神"等阶段。一般来说,当修炼者达到了一定的境界后,就有机会突破到下一个境界,并由此拥有更强的实力。

在这部小说里有一个独特的设定:并不是将每一个境界修炼到至臻完满的境界,才能够达成突破。实际上,在百分之八九十的关头,就有突破境界的可能。修士们一般为了赶紧到达下一个境界,基本无人费劲去追求至臻完满的百分之百——除了书中的

第七章
专注赋能：学得又快又好的终极法则

主角。

主角坚持实打实地把每一个等级都修炼到百分之百，因为只有这样，他才能够在之后的修炼过程中摆脱限制——因为所修的等级越高，在以前各等级中没有修炼的那百分之十到百分之二十的"亏空"，便会导致后劲不足，最终停留在某个境界，再也无法突破。

我非常喜欢这个设定，因为它和我们在学习过程中所遇到的问题是一样的。

所谓"基础不牢，地动山摇"，其实就是指在学习的过程中由于丧失了时时刻刻较真的钻研劲儿，会导致后期出现越来越多难以解决的问题，到了这个时候再回头去弥补基础，就是难上加难了。

在数学或者理科的学习中，我们也常会碰到这种情况。当你没有理解清楚某一个抽象的基础概念的时候，在日后的学习中就会遇到麻烦。

比如，在学习微积分时，没有对微积分最基础的概念加以理解，没有认真地思考什么是微分？什么是积分？什么是穷竭法的思维？什么是无穷小？为什么定积分可以计算曲线下的面积……

高效学习法
名校学霸教你把学习变得轻而易举

也许在一开始,你能够和较真的学习者一样把习题都做对。但随着知识的不断深入,当出现更难、更复杂、更抽象的概念的时候,你就逐渐无法理解了。这个时候,当你猛然意识到:"我其实根本就不知道什么是微积分思想",就是真正在浪费时间了。

这就相当于在之前修仙小说的例子中,你选择只掌握了百分之八九十的程度,就贸然跳跃到下一个知识层级。可能暂时还能够凭借现有的知识应付,但是,这样一个一个层级跃升下去,之前没有夯实基础导致的"知识亏欠",终会累积成一个巨大的隐患,直到你再想添砖加瓦加盖楼层时,却发现自己千辛万苦搭建的"知识楼阁"已经成了豆腐渣工程。

即便在文科或者社会科学学习中,也一样有较真的必要。

在美国法学院,教授们时常采取一种叫作 Cold Call(陌生电访)的提问方式。教授会要求学生在课前把所布置的案例阅读作业认认真真、扎扎实实地看完。不仅要充分理解法官们在判决书中应用的规则,更要对案件事实中的每一个细节,甚至是无关紧要的"边角余料"也要把握得清清楚楚。

在课堂上,教授会拿起花名册,随机点一个学生,向他抛出一个又一个问题:这个案件的原告和被告是谁?原告家养了几头

第七章
专注赋能：学得又快又好的终极法则

牛？被告家的车坏的是哪一个车灯？被告经过了几次上诉？法官在论证时引了哪几个案例？这几个案例分别是在哪一年做出的判决？法官的具体逻辑是怎样的？反对观点又是怎么说的……

所有细枝末节的问题，都会被一股脑儿地抛到你的面前。毕竟，法官的论述环环相扣，每一个环节都可能会被详尽地提问。如果学生在某个问题卡壳了，就只能冷汗涔涔地站在那里，尴尬得下不来台。

因为害怕被教授问得下不来台，大家只好把判决书读得滚瓜烂熟，将所有的知识细节都铭记于心，不允许自己有任何一点想不明白。

这种对于案例阅读作业的较真，难道是一种没有意义的钻牛角尖的行为吗？当然不是。因为唯有对判决书以及案件事实有着最充分的了解，学生们才可能在日后的学习中，对于法律规则在具体情况下的应用有最为扎实的认识。

所谓的较真，其实是一种专注、认真、负责的态度。它主要体现为，对于我们弄不懂的问题，一定不能糊弄。即使是采取一种死磕的态度，也要彻底将其钻研明白。

如果你在这一步选择了视而不见的话，会造成小至一小块区域，大到整片知识网络都不能自洽的情况。对我们所提倡的整体性学习、网络编织学习而言，即便糊弄过去一个难点，也会导致知识点之间彼此融会贯通的状态出现"瘫痪"的危险。

你遇到的每一个需要较真才能明白的问题，在知识结构里起到的作用往往要远超其他的问题。因为，它是你之前没有理解的盲点，或者是一个可能会导致知识链条断裂的危险节点。

越是困难的节点，就越有可能成为你在编织知识网络时所遇到的重要"锚点"。在这种重要节点上较真，绝对不能算是浪费时间。唯有"锚点"编织好了，才能够让你在之后向四周延伸连接线，发展旁支知识、子知识时更快速、更牢靠。其实，这将大大节省你的学习总时间。

而且，在你死磕某一个知识点的时候，虽然表面看上去可能并没有产出什么学习成果，但在你的大脑内部，"知识引擎"正在疯狂地高速转动。

为了回答一个弄不明白的问题，你会想方设法地去调动整个知识网络去理解眼前的新知识。在你的大脑里，你正在使用不同的"组块""零部件"搭建出各式各样的"模型"，让自己的思维在知识点之间的连接线上反复穿梭。

你的大脑越是较真，就越处于非常活跃的状态，进化得也就越快。

第八章

幽暗法则：
如何让痛苦成为你的力量

真正的光明绝不是永没有黑暗的时间，只是永不被黑暗所掩蔽罢了。真正的英雄绝不是永没有卑下的情操，只是永不被卑下的情操所屈服罢了。所以，在你战胜外来的敌人之前，先得战胜你内在的敌人，你不必害怕沉沦堕落，只消你能不断地自拔与更新。

——傅雷

Part 1
跳出舒适圈：平坦之途，常常通向谬误

当我们能够用理性武装自己的时候，只要你能——

明确目标（第一章），合理规划（第二章），充分利用有限的时间（第三章），把知识切实地输入大脑（第四章），深度加工（第五章）和省察消化（第六章），再以专注的姿态为整个学习的引擎提速（第七章）。那么，在高效能学习这场"游戏"中，我们便可以自信地说：不管"游戏"规则如何千变万化，我们都能获得令自己满意的"战绩"。

但是，学习的吊诡之处就在于，它永远不可能是绝对理性的。

在理性之外，学习还是一个非常感性的进程。

这其中会有孤注一掷的热爱，独自奋战的孤勇，有着希望，有着昂扬的斗志。但是，在绝大多数时候，学习所触碰到的"感性神经"，是非常痛苦的。

第八章
幽暗法则：如何让痛苦成为你的力量

这就是为什么，说到高效能学习时，心态也许不是主题，但永远是一个绕不开的话题。

回头去看我的学习之路，虽然有着自豪和获得感，但我从来不曾觉得学习之路是舒适轻松的。

压力对我而言是非常具象的，就像一块千斤巨石压在肩胛骨，或者像天花板不断变矮，最终压迫到背脊上——那种感觉仿佛从我意识到学习是需要竞争的那一天起便如影随形，让我有时透不过气来。

所有短暂的成就，都只能带来昙花一现的轻松。

后来，我发现，压力仿佛是大多数人的附骨之疽。

在清华，当优秀成了一种基本条件，我见过太多承担着极大压力的同辈。有人因课业压力过大在厕所偷偷哭泣；有人在寻找暑期实习时处处碰壁，然后再去争取下一个机会；有人企图在课业之外寻找自己的价值，但发现无论是学生工作、社团娱乐还是体育文艺，都有人"学得比你好，玩得也比你厉害"。

大一的时候，我身边的许多人出现了不同程度的抑郁情绪。甚至，我晚上回到宿舍楼，从楼道口走到寝室门口短短五分钟的路程，就能看到好几个边打电话边哭诉的身影。

可是，为什么非得这样逼自己呢？

答案都大同小异：因为想要变得更好。

这确实是一个令人唏嘘但又掷地有声的回答——因为想要变得更好，因为不甘心就此停下脚步，年轻人（以及不年轻的人）以"残忍"的手段"折磨"自己，在无数次崩溃之后重新收拾好心态，继续学习。

我只想说，**在痛苦中成长，是高效能学习的必经之路**。

首先，压力是永远不可能被消除的。除非你真的修成了道家的出世心态，否则，只要这个世界上还有你所欲所求之物，只要你还想去过一种更好的生活，压力就会永远在你身边。

你没有任何办法摆脱它。

你能够做的，唯有以勇敢的姿态去面对它。

在接受了压力是常态的事实后，压力就变成了一种中性的存在。这时候，你才会意识到——要想做到真正的高效能，反倒必须要为自己赋予压力。选择一个让自己有些窒息、有些痛苦的高压环境，才能真正得到"锻炼"。

比如，明知自己可能会在课堂上感到吃力，还是硬着头皮去选一门据说很难、给分也非常严格的课程。

比如，明知道自己所进入的环境高手如云，会让自己感到莫大的压力，还是"初生牛犊不怕虎"，把自己丢进这片更广阔的

第八章
幽暗法则：如何让痛苦成为你的力量

海洋来逼自己一把。

这样一种"主动求死"和压力"正面硬刚"的勇气，是在学习中，以及奋斗路上，唯一一种可以和压力共存的方法。

只有勇于突破舒适圈，才能为自己创造更大的生存环境。

如果你在学习的过程中感到轻松愉快，那么只可能有两个原因：第一，你太聪明了；第二，你的学习是低效的。

就好比跑步，如果每天的运动量没有让你的肌肉感到微微酸痛，那么这种停留在舒适区的健身是无法给自己带来提升的。我们真正需要的、踮一踮脚才能够到的任务，是存在着艰难环节的任务。

我们要树立的学习者心态，应当是一种探索者的心态，而不是保守者的过度谨慎。

选一门全英文授课、难度颇高的专业课，自然比学一门"水课"压力小得多，上课时你需要紧绷着神经竖着耳朵听，课后还要研读繁多的阅读材料，而且还有严格的考评制度，就这样，还往往很难得到和"水课"一样的高分。但一学期后，这门给我带来很大压力的课，会让我的专业能力和语言水平得到大幅提高。

参加一个学术比赛，显然是"没事找事"，在可贵的假期为了做从未接触过的"实证研究"花费大量的精力,还要从零去学习如何用软件分析数据,咬着牙一步步摸索。然而,最终是否获奖暂且不论,经过一番压力下的磨炼,至少我能够对实证研究和数据分析这个全新的领域有自己的见解……

正是这样"即使失败,也能有所收获"的心态,让我有勇气冲进高压的环境,从而实现个人能力的迅速提高。

"天将降大任于斯人也,必先苦其心志,劳其筋骨,饿其体肤,空乏其身,行拂乱其所为,所以动心忍性,曾益其所不能。"可以说,压力,就是我们"超级进化"的催化剂。

这种勇于"冲阵"的勇敢,并不是鼓励我们盲目乐观。

做一个轻松自在的乐天派也许是快乐的,但在学习的世界里,它并不能让我们战无不胜。这样看来,为了可能存在的困难而忧心忡忡,实际上是一种再正常不过的反应。

人们有时会陷入一种对于真实情况的感知偏差——在我们过于乐观而陷入美好想象中不能自拔时,大脑会被这种虚拟的美好所欺骗,使你越是绕过困难的图景想象美梦成真后的盛景,就越会忽视现实的学习进程中我们需要付出的努力。

换言之,一味沉溺于完成目标的"白日梦",而不自己"照照镜子",是一种自欺欺人。所以,在制订学习目标之前,我们

第八章
幽暗法则：如何让痛苦成为你的力量

必须要逼迫自己，学会正视自己和目标之间的差距。

为考试复习之前，想象一下自己可能遇到怎样的难题；为目标而学习之前，想象一下有哪些具体的困难需要被克服……这种审视带来的压力，会让我们意识到，自己并非处于一条平坦的通天大路的起点，而是站在一座险峰的脚下。

这种困境想象，出自著名心理学家加布里埃尔的理论，又叫"心理对照法"。当我们用心理对照来关注困难时，实际上是在心中对困难有了基本的预期，并主动逼迫自己做好心理准备，早早地思考应对方法。

只有这样，我们才能不被乐观的"白日梦"蒙蔽双眼，才能纠正自己的感知偏差，认识到我们和目标之间的实际差距——既然我还差得远，即使压力陡增，也不会令我们一蹶不振，或者对问题视而不见。

这就是所谓的"仰望星空之时，别忘了脚踏实地"。这也是为什么压力感是不可或缺的——有了压力，才说明你如实地告诉了自己存在怎样的困难，需要怎样的方法和何等的努力。

在我们因为压力而感到痛苦时，总会有许多安慰的声音，宽慰你"不要总和更优秀的人比较"，毕竟，"还有许多不如你的人"。

可是，在学习中处于"比上不足，比下有余"的我们，却不能将自己的视线一味地放在落后于自己的人身上。这样的超脱和轻松，只是一种虚无的"精神胜利法"。

我非常喜欢傅雷在翻译《贝多芬传》时在序言中写下的这样一段话，并曾一度将其作为自己的座右铭，鼓励自己不要沉溺于"精神胜利法"的自我麻痹中，而是正视压力带来的痛苦，勇于跳出舒适圈。

在这一节的最后，我将这段话分享给大家：

唯有真实的苦难，才能驱除罗曼蒂克幻想的苦难；唯有看到克服苦难的壮烈悲剧，才能帮助我们担受残酷的命运；唯有抱着"我不入地狱谁入地狱"的精神，才能挽救一个萎靡而自私的民族……

不经过战斗的舍弃是虚伪的，不经劫难磨炼的超脱是轻佻的，逃避现实的明哲是卑怯的。中庸、苟且、小智小慧是我们的致命伤。

在经历那些痛苦的过程时，请以此自励，不要沉沦于轻松的平坦之途。

第八章
幽暗法则：如何让痛苦成为你的力量

Part 2
冒名顶替症：厉害是装出来的

大家时常在网络上调侃一种在"学霸"和"学渣"之外的特殊存在——"假学渣"。

何为"假学渣"？在考试之后，总会有那么几个平时成绩很好的学生，满面愁绪地说自己考得不好。但等出了成绩后，才发现他们仍旧名列前茅。等去恭喜对方时，他们却说自己是运气好，瞎猫碰到死耗子，实际上并没有这么厉害。

总之，他们虽然每每取得优秀的成绩，但是却永远不会承认自己为学习付出的努力，也不认可自己很厉害的事实。

这些看上去口是心非的"虚伪"表现，对于这些人来说，可能是一种内心的真实感受。

我们的身边，好像总有一些"别人家的孩子"，他们有着出众的表现和令人瞩目的成绩。而有些时候，我们自己也在某些方面是"别人家的孩子",接受过他人的钦羡和肯定。

但是,在接受赞美,获得成就和表彰的时候,我们却会产生这样一种心态,认为其他人只不过是被自己表现出来的假象蒙骗了——

"我没有你们想的那么厉害""我其实只是忝列于这些优秀者之间""我被高估了,实际上并不是你们所认为的那样有真才实学"……

这种心态也常被网友们做成表情包来调侃。最流行的一个表情包,是一帧电影的截图——一个穿着滑稽玩偶装的小丑走在一群西装革履的精英之间,努力装成是他们之中的一员,并配上调侃的文字:"刚入职的我和我的同事。"

越是处于一个周围人都很优秀的环境,这样的心态就越是明显。在我刚进大学时,在一个强者如林的环境中,感觉自己仿佛是电脑游戏里的一个围着草裙的"新手玩家",混在"满级玩家"的队伍里,生怕被人戳破自己的伪装。

过了一段时间,当我发现自己表面上没有掉队,甚至还得到了一些荣誉的时候,更深的不安就会涌上心头——茫然、不安和对自己并不配得到的忧虑仿佛达摩克利斯之剑一般,高悬在我的头上。

第八章
幽暗法则：如何让痛苦成为你的力量

这种感觉，就仿佛有一盘洗脑磁带在大脑里反复播放：大家都好优秀，能在课堂上积极和老师互动，学起来也仿佛很轻松。虽然我和大家一样坐在同一个教室里，大家都认为我是靠着自己的真才实学才坐在这里的，但我内心明白，自己实际上是个"德不配位"的冒牌货，也许和大家多说几句话，或者考一次试，真面目就会暴露无遗。

这样的心态听上去虽像是一种赢家的自怜，但却可能成为许多人学习道路上限制自己的障碍。

"我并不配站在这样高的位置，迟早会露出狐狸尾巴"——这样的惴惴不安反复累积，会让我们出于恐惧而拒绝新的机会，还会让我们对于自己现有的状态患得患失。

于是，我见到过一些能力十足的学习者，因为担心自己无法胜任而拒绝了非常好的研究项目；我见到一些学习上的"自闭症患者"，由于过度质疑自己的水平而不敢和同一层次的竞争者们讨论问题；我见到过一些优秀学生明明获得了很好的海外交流机会，却因为害怕自己只是幸运使然、实力不够，而在交流中畏首畏尾，白白浪费了和学界"大佬"们交流的机会……

直到某天我听了一个TED（技术、娱乐、设计）讲座，才知道这样一种心态有着正式的名字——"冒名顶替综合征"——认为自己是个"冒牌货",因此不配拥有自己所取得的成就以及他人的关爱。

"冒名顶替综合征"的心理学成因在于,有些人无法将自己所取得的成就向内归因,而是习惯于把好的结果归功于外界的因素,譬如运气、任务简单,偶然因素,等等。而由于这些外界因素通常是不稳定的,所以,人们会认为成功一次已经是意外的幸运,以后就很难说了。

一旦被这样的心态俘获,你就很难再感受到得意和自信——一种能为你的学习打一针"鸡血"的快感。

这样的负面信念一旦处理不好,会不利于我们的学习进展。因为我们总会恐惧,害怕自己暴露缺点和不足,从而无法积极地面对挑战。这种不相信自己的恐惧,会让我们每天担惊受怕,故步自封于一个小小的安全空间,最终以拖延、回避的态度来避免可能遭遇的失败和批评。

然而,"冒名顶替综合征"并非少数人的困境——实际上,一项调查显示,有超过百分之七十的人都被这种心态困扰。甚至,许多名人,比如晚年的爱因斯坦、演员艾玛·沃特森、畅销作家尼尔·盖曼等才华横溢的人,都曾认为自己是个配不上自己名气的"骗子"。

第八章
幽暗法则：如何让痛苦成为你的力量

所以，千万不要在这种心态的折磨下感到孤独和害怕——你并不是一个人在历经这个过程，而且，这样的心态是非常正常的。

在这一章中，我不会鼓励大家去完全克服或忽视负面情绪的干扰。因为，作为亲身历经者，我很清楚，无论是完全克服负面心态，还是忽视自身的痛苦，都是不太可能的。

我们能做的，只能是和负面情绪和平共处，构建出一种健康的共生关系。也就是说，你要承认痛苦，知道痛苦是正常的，并了解痛苦，才能最终不断从痛苦中汲取能量。

"冒名顶替综合征"带来的恐惧是非常正常的。我们要做的，恰恰是如何正确地理解它，并利用这种心理推动自己在学习的道路上走得更远。

如果你也有"冒名顶替综合征"，我想先恭喜你。因为你会发现，如果不是处于一个优秀的环境里，你是很难产生这种"周围人都比我强"的感觉。就像在上一节里谈到的，没有压力的轻松环境是低效的——如果你完全处于一种饱满的自信中，那你反而应当警惕，是不是自己所处的环境太顺畅了。此外，你要放轻松——因为如果你真的不适合这个环境，也许早就被激烈的竞争给淘汰了。

那么，我们又该如何从"冒名顶替综合征"中汲取力量呢？

还是在这个TED讲座中，我寻找到了答案。

这个TED讲座曾被评为"改变人生的十五场讲座"之一，它至今仍是我个人最喜欢的，也最鼓舞人心的TED讲座之一。

演讲者艾米·卡迪，是在哈佛大学商学院任教的社会心理学家。年轻时，她曾是一名聪明而机敏的学生。但在不幸遭遇了一场车祸后，由于脑功能受损，她的智力大幅下降。此后，她唯有不断地刻苦学习。结果，她最终被普林斯顿大学录取了。

在开学的前夜，她对次日要在全体新生面前进行的二十分钟讲话感到万分恐惧："我不该在这里！"她害怕自己智力不够格的缺陷会暴露在聪明的新同学面前，让大家发现自己是个"骗子"，以至于萌生了退意。

然而，她的学业导师鼓励她：你不能放弃，你要留下来，"假装"自己可以做到。

于是，她压抑着内心的恐惧，逼迫自己面对挑战。

恐惧似乎一直跟在她身后，但她在如此富有挑战性的环境里总是"假装自己很正常"，以至于其所挑战的目标逐个被征服，最终达到了如今的位置。

在那一刻，她惊讶地发现，自己已经不再受"我不该在这里"

第八章
幽暗法则：如何让痛苦成为你的力量

的思绪困扰了。

我非常喜欢艾米在演讲中说的一句话："Don't fake it until you make it. Fake it until you become it"——我们不要只是假装自己达成了目标，而要假装到自己假装的状态成为事实。

假装厉害，你就会真的变得很厉害。我认为，这是对于该如何从"冒名顶替综合征"中汲取力量的最完美解答。

因为如果你选择不做，那就永远都做不到。而如果你选择"假装"自己有这个实力，那么至少你还有机会取得一场胜利。

正是通过"假装成自己可以做到的样子"而放手去做，我们才能不断锻炼、挑战和磨砺自己的能力。

正是因为我们不得不去"假装"，才有动力不断去补足自己尚缺的经验。

正是因为我们最终将我们"假装"出来的样子，内化为自己真实的素质，才能以负面的心态督促自己达到一种能力上的正向循环。

唯有如此，你才蓦然发现自己"冒名顶替"的对象，就是真的自己。

Part 3
嫉妒障眼法：我和谁都不争，只和自己争

在《三傻大闹宝莱坞》这部印度电影里，有这样一个有趣的片段：

生性自信乐观、满怀奇思妙想的主角兰彻，在帝国理工大学里和好友法尔汉、拉杜结为好友。由于兰彻不拘泥于死记硬背书本上的知识，总是在课堂上对古板的教授们提出质疑，还时常和两位好友一起闯祸，所以为老师们所不喜。

在期末考试后，学生们挤在排名榜下看排名，法尔汉和拉杜担心兰彻因离经叛道而考得不好，为此忧心忡忡。结果，他们却发现，兰彻名列榜首——平时嘻嘻哈哈没个正形的好友，居然考了个年级第一。

电影里，给了法尔汉与拉杜二人一个特写，并配上旁白："朋友不济，你难过；朋友发达，你更难过。"

第八章
幽暗法则：如何让痛苦成为你的力量

朋友不济，你难过；朋友发达，你更难过——这句话是对于学习中产生的嫉妒心幽默而精准的描述。

除了压力带来的窒息，"冒名顶替"带来的恐惧外，还有一种经常让我们在学习中效能降低的感性情绪——那就是嫉妒心。

在学海挣扎时，嫉妒心往往会分散我们的精力，让精力消磨在对他人的妒忌和对自己的不甘上。即使对方是自己的好友，也难免会生出阴暗的心思，无法由衷地为对方的成就感到高兴，并因"为何这成就不属于自己"而耿耿于怀。

嫉妒对学习产生的干扰几乎是破坏性的，它不仅会浪费你大量的时间与心力，严重时甚至会让你难以看清自己的学习目标，甚至扭转你规划好的学习路径。

适度的嫉妒心是无伤大雅的，它是一种正常的情绪——那个坐在你旁边复习考研，成绩比你好一点点的"对手"，确实比设成手机屏保的"鸡汤文字"更能让你激发斗志。

没有人敢说，嫉妒心不会让我们在学业上更优秀。毕竟，所有的情绪都有正负两面，化压力为动力、化嫉妒为上进心是很自然的转换。但是，单纯靠着嫉妒心来激励自己学习，而不以理性加以引导，无异于饮鸩止渴——一旦把控不好，其结果是非常惨痛的。

高效学习法
名校学霸教你把学习变得轻而易举

我小时候嫉妒心很强，若是谁在考试中超过我了，我会满心发酸、怏怏不乐。在嫉妒心的影响下，我仿佛变成了"跟踪狂"，忍不住去打听对方上的什么补习班、买的什么练习册，上课时会问什么问题……这样一来，我原本的学习节奏就被打乱了。

另一方面，过盛的嫉妒心会让杂乱的念头在脑海里乱窜，让整个人的精神状态变得涣散，难以专注于眼前的学习任务。失去了专注的状态，就更难给高效能的学习赋能。

所以，一旦控制不住负面情绪，你的能量将无节制地投射到他人身上，而对方又是你难以控制的。这最终会让能量不断流失，使人更痛苦、更不甘、更无助……

但这些损失尚算小，嫉妒心最可怕的是，它会让我们忘记自己原本的学习目标。

学习目标是高效能学习的立足之本——小到升学考高分、考级拿证书、深度掌握技能，大到我们想通过学习达到一种人生状态……而一旦目标被忘记、被扭转，高效能学习就变成了向虚空中放出的一支箭，究竟去向哪里、射中何物、有何目标，就都无从得知了。

举个例子，嫉妒心最能"大显神威"的时刻，往往是在大学

第八章
幽暗法则：如何让痛苦成为你的力量

毕业前，学生面临出路选择的时候。一般来说，毕业生们会面临考研究生、申请出国、直接工作等几种不同的选择，大家会慎重地规划自己未来的人生方向，并为此努力。

但是，本来要静心考研的小兰，见到准备直接工作的舍友小涵接到了多家知名企业的通知书，比较心顿起：为什么她能够得到这些，而我不能？于是，小兰也忍不住去投了几份简历，参加了几场面试。

可是，她浑然忘了，即使小涵拿到令人垂涎的工作机会，和自己也没有丝毫关系——因为小兰的目标是考研，即使她拿到了比小涵更好的工作机会，也谈不上什么"胜利"。

忙于和自己所嫉妒的对象做比较，却忘记了自己最初要追求的是什么——嫉妒心可怕就可怕在这里——它会诱导我们做出不适合自己的决定，在偏离自己初心的方向投入过多的时间和精力。一旦泥足深陷，我们甚至会活在别人的目标里。

而此时，我们需要做的，是把这种关注度转回自己身上，转到自己的学习目标上。

其实我们不必完全压抑这种嫉妒的念头。压抑负面情绪就像打地鼠一样，每次你强行将它压制下去，它并不是不见了，而是伺机等待日后再次露头。一味地压抑负面情绪，只会让你陷入情绪的恶性循环中。

悦纳嫉妒情绪，并从中发现信息——这是心理学家建议我们去做的。心理学家研究发现，嫉妒可以提供关于我们地位和自身条件的信息，而我们的失落和气恼则来自知晓了这些信息后，发现他人在社会地位上强于自己而带来的不安和惶惑。

这样看来，嫉妒未必是蒙蔽人的"障眼法"，相反，它是充满信息量的，可以让我们对自我进行评估。而自我评估的能力，在需要充分认识自己优劣势，并不断反思高效能学习，是非常重要的。

而我们之所以会被嫉妒心"一叶障目"，大多是因为我们有选择地关注心中和他人相关的信息，而忽视了其他的部分。譬如：我与嫉妒对象的目标是否相同？如果目标相同，我和他的差距在哪里？

我们应当把花费在他人身上的惊人观察力和高超分析力，运用到自我评估当中。进而把注意力拉回到自己身上，把对他人的分析转换为如何改善自身现状的思考。

防止被嫉妒施加障眼法，需要一个"清心正念"的过程。

第一步，问问自己，我的目标是什么，嫉妒对象的目标是什么，它们是否有相同之处或者存在重叠？

第八章
幽暗法则：如何让痛苦成为你的力量

如果答案是否定的，那你自己就会意识到这种比较的可笑之处：双方都不在同一赛道上，有什么好比的？

比如，张华跨专业考研成功；李萍办了自己的第一个艺术展；我通过了大学英语四级考试，达到了毕业要求——我们都有光明的前途。

然后问问自己，是不是真的喜欢现在的学习目标？你的内心是否还存在着自己未曾意识到或者拒绝承认的真实目标？

我就遇到过这样令人唏嘘的例子：

高中时，理科班有一位成绩很好的尖子生，总是对班级里参加艺考培训的同学嗤之以鼻。每当艺术生代表学校参加了某些活动或者得到了某些奖励，或是在联考、校考拿到了不错的成绩，他都会情绪陡然低落，并在背后说一些诋毁的话。

对此，身边人都感到很奇怪：你一个理科尖子生，参加的是统招高考，走的是人们印象里的"正路子"，为什么偏要去妒忌与你毫无竞争关系的艺术生呢？

直到高考之后，我才在与朋友的交谈中得知，其实，这位理科尖子生从小就对美术情有独钟，也自认在画画上很有天赋。只不过，他没有勇气去报考美术学院，家人也不支持，所以，他才选择了"随大流"的普通高考。

正因为他内心深处始终埋藏着一个考取美术学院的愿望，所以，他才会屡次把班级里的艺术生当作与自己有相同目标的竞争者，并对他们心怀妒意。

第二步，如果自己与嫉妒对象有着相同的学习目标，既然同为竞争者，就应当通过对对方的观察，评估自己的不足之处，并加以改善。

许多人做不到这一点，是因为他们被嫉妒蒙蔽了双眼，不愿意寻找自身落后的内因，而是用傲慢来掩饰无助。这种给自己开脱的情况非常常见，我们时常听到有人满怀醋意地夸夸其谈：我要是像他那样努力，肯定会做得比他好。

有的人把这样的开脱标榜成一种"我和谁都不争，和谁争我都不屑"的超脱，但实际上，这并不是真的"不屑"，而只是担心自己努力了之后还是不如对方。

毫不留情地剖析自己，知耻而后勇，这是非常难的，但恰恰是我们在高效能学习中必须迈出的一步。

Part 4
逆转负能量：
在"焦虑的莫比乌斯环"中螺旋上升

我们不能否认，这是一个充满焦虑的时代。

即使在学习这片相对纯净的领域，焦虑也是挥之不去的底色。

我曾经以为，高考就是焦虑情绪的终点。但是，我错了。

我也曾以为，如果圆满地完成了四年学业，我就可以为这一切焦躁画上句号。但我还是错了。

这并不是我个人的感觉，实际上，有许多亲朋好友在和我交流时，都会提到自己的困惑：本以为升学、考证、申请成功，通过资格考试，找到工作，学会技能之后，自己就能够心平气和了，却发现自己又重新陷入了新的失控感和对未来的不确定感之中。

为什么呢？原因很简单。

因为完成我们的学习目标,比如通过某次重大的考试,只是一种对于"掌控自我"的短暂心理满足。看似获得了对自己人生的掌控权,但是,实际上,我们很快会发现,即使达成了学习目标,我们还是不能够真正掌握自己的人生。于是,学习者们只好咬着牙去寻找下一个目标的救赎。

可是,学习者们仿佛跋涉在一条莫比乌斯环上,无论怎样走,都走不出这条自我封闭的环——它好似只有一面,就是"无法掌控"的一面。

正因如此,这种对未知难以应付,不能掌握,也无法摆脱的状态,带来了焦虑。

从远古时代起,人类对未知永远有着无限的渴望和探索的欲求,忍不住要去扩张,要去征服。这种渴望或者说贪婪,既是一种恩赐,又是一种诅咒——我们必然要与焦虑共存的诅咒。

很多文章和理论倾向于把学习中遇到的焦虑情绪,用一种实用主义的方法进行治疗,想要开出行之有效的"药方":比如,劝诫学习者们用四象限法则合理地规划时间,戒掉拖延症,用运动和睡眠缓解情绪……

这些"药方"并非无效,但它们多数治标不治本。

换言之,只要我们无法全然掌握自己的未来,那么焦虑就会

第八章
幽暗法则：如何让痛苦成为你的力量

始终如影随形。

可是，未来又怎么可能被全然掌握呢？

那么，这和学习有什么关系呢？

既然焦虑等于对无法掌握的未知的忧虑，而学习的本质是一种对未知的探索，那么，学习也就等同于焦虑。

焦虑＝对无法掌控的未知的忧虑

学习＝探索未知

学习＝焦虑

可是，又有谁能否认，我们不是在探索未知的过程中带着焦虑一步步成长呢？

高效能的学习者将大脑塑造成了一个马力全开的"工厂"，但是，这"工厂"的运转并不是依靠惯性而毫无代价的。在此，我们可以将焦虑看作"工厂"努力运行的代价。

我们确实是时时刻刻都在焦虑，经过挫折和焦虑，达成目标后，也只不过是把焦虑的日子推后了一天。但是，也正是由于焦虑情绪的不断推动，我们才能成为更优秀的自己。

走在焦虑的莫比乌斯环上，未必是一件坏事。至少这说明，

高效学习法
名校学霸教你把学习变得轻而易举

你还没有向内心的平庸屈服,还没有失去探索未知的好奇和追求卓越的信念。

《周易》有言:"君子终日乾乾,夕惕若厉,无咎。"意思是说,君子不仅要自强不息、勤奋谨慎,而且还要心存警惕,就好像有危险随时要发生一样。如此才能免除灾祸,顺利发展。

回首这本书,其实也一直在讲我们该如何对自己的学习目标、学习计划、学习时间、知识的处理过程、学习状态以及心态时刻"心存警惕",不断地审视、纠偏,防止自欺欺人,警惕侥幸心理。

尽管,哪怕是"夕惕若厉"的高效能学习者,也无法全然掌握这无数未知带来的一个个挑战,但和其他非高效能的学习者相比,他们能掌握自己的节奏,更有机会看到更广大、更深沉的人类智慧。

那么,就不必害怕焦虑,因为在这场绵长的、枯燥的、看不到尽头的学习之路上,总会有那么一些闪光时刻,让你觉得不虚此行,让你觉得内心充盈。

要相信,只要你坚持走下去,就一定能够利用美妙的知识摆脱故步自封的泥沼,成为更好的自己!

结语
高效能学习——属于每个人的思维潜力

这本书写到这里,也终于进入了尾声。

在初拟本书大纲的时候,曾有一个我很想写的章节,但因为和高效能学习的主题联系不够紧密,而最终决定砍去。

在结语里,我想把这个不存在的第九章分享给大家,并与大家共勉。

这部分内容,其实只是想回答一个最令人困惑的问题:人到底为什么要学习?

尽管这本书一直着眼于具体的学习目标,即所谓的"功利性学习",但学习真正的意义所在,其实是超越功利性的"无用之用"。

人为什么要学习?

因为学习能够提供情绪价值,能够陶冶情操,能够让我们拥

高效学习法
名校学霸教你把学习变得轻而易举

有"独立之精神,自由之思想"。更重要的是,学习是大多数人唯一可以做出的超越命运的选择。

努力学习,考入大学。

努力学英语,看到更大的世界。

努力学专业知识,顺利通过面试找到工作,做到经济独立。

努力阅读,遇到问题时,有能力去分析现象之下的成因。

……

只有不断学习,我们才能不被既有的定式捆绑、束缚,才能不随波逐流,不断地向上走、向前看。

有人曾对我说,学习总不会害你,因为知识永远是力量。

是啊,能够学习,其实是一件幸运的事。甚至,能够意识到知识是力量,可以改变命运,也是一件幸运的事情。

高效能学习,其实是属于每个人的"思维潜力",而用一种高效能的方法去学习,可以说是对这种幸运的最大尊重。

我也曾不断地质疑自己:就算是学会了高效能学习,也不一定能够拥有一个快乐而成功的人生。但我想送给大家一句话:"He still brings that maverick spirit to everything he does."

这句话出自美剧《摩登家庭》中经营衣柜生意、事业有成的杰。年轻时,他曾作为一位机车冒险者风光无限,但最终选择了承担家庭责任,成了一名不那么酷的衣柜商人。当孙女问他,当初的那位冒险者现在怎么样了?他哈哈一笑,答道:"他在做任何事的时候,都仍然带着那股子特立独行的精神。"

也许,高效能学习者也是这样。

尽管我们可能用不到这些知识,但是,我们在高效能学习法中锻炼到的种种思维和性格的特质,将伴随我们的一生。

这样,在未来有人问我们:那位高效能学习者如今怎样了?我们也可以坦然一笑,答曰:"他在做任何事的时候,仍带着那股子又快又好的精神!"

最后,我想感谢我的母校,为我提供了良好的学习环境和丰富的学习资源,以及让我爱恨交织的学习压力。

感谢我的师长、父母和学友们,在我于学习道路上摸爬滚打时,提供有益的指导、帮助和安慰。

感谢我的出版策划六人行图书和策划编辑徐晓月,得以让这本书和大家见面。

感谢我的读者,谢谢你们能读完这本书。

有时候，书只不过被当作催眠的利器，

然而，一本书能让失眠的人睡去，也能让沉睡的人醒来。

有多少书，能让我们看清这个世界，成为我们看不见的竞争力；

又有多少书，能让我们在看清这个世界的同时，仍旧热爱这个世界。

阅读增添感性，也是一种新的性感。

你所读过的任何书，都会进入你的心灵和血肉，并最终构成你最甜美的部分。

关于人生大问题的答案，要你自己去慢慢拼凑；

但一本本的书给出的小小回答，却可以帮你抵抗终极的恐惧。

我们的一生有限，你想去的地方，你要做的事情，也许总不能完全成为现实。

唯有读书的时候，你可以在灵魂中撒点儿野。

要知道，人生终须一次妄想，带领我们抵达未知的生命。

你的时间那么贵，要留给懂你的人。

六人行秉承"爱与阅读不可辜负"，个人发展学会坚持"陪你成长，持续精进"。

我们想让你在爱的路上想爱就爱，在成长的路上一直成长。

我们，也想要成为你精彩人生中不可或缺的一部分。

在您和这本书完成灵魂碰撞之后，我们想再送您一份见面礼：

福利一：关注微信公众号：个人发展读书会，在公众号回复【365】，即可免费加入《365天读书计划》，一年读50本书，唯爱与阅读不可辜负！

福利二：关注微信公众号：个人发展读书会，在公众号回复【14】，即可免费获得价值199元的14天沟通力提升训练营，轻松成为沟通达人！

福利三：关注微信公众号：个人发展读书会，在公众号内回复【咨询】，您将可以获得资深职业辅导师一次一对一的职业咨询，手把手帮您解决职业烦恼，用持续精确的努力，获得丰厚的职业回报！

我们鼓起勇气，冒昧地给未曾谋面的您，准备了这样一份礼物。如果您愿意收下，我们会为遇到了知音感到欣喜；如果您对这份礼物不感兴趣，我们也期待在未来的某一天，我们会再次相遇。

唯爱与阅读不可辜负

扫码有惊喜